Susanne Friedmann

Ein Dorf in den Cevennen

Leben in einer südfranzösischen Landschaft

Knaur®

Inhalt

Danksagung

Für die freundlich-skeptische Aufnahme in ihrer Mitte danke ich der ganzen Dorfgemeinschaft von L'Estréchure sehr herzlich!

Besonders danken möchte ich Serge Humbert, der uns im Gemeinderat unterstützt hat, dem ehemaligen Bürgermeister Gil Lapierre und der Gemeindesekretärin, die uns durch ihr freundliches Lächeln alle komplizierten bürokratischen Einbürgerungsabwicklungen erträglich gemacht haben. Ich danke Norbert Durand für seine Agrarprodukte, die uns genährt und inspiriert haben, Françine Morne für ihre witzigen Bemerkungen über alle Welt, Jean-Claude Durand für seine Hilfe in allen praktischen Lebensangelegenheiten und seiner Frau Françoise für zahlreiche köstliche Kochrezepte. Jeannine Grel danke ich fürs Kinderhüten, für ihr Wildschweinragout und für ihre beständige Freundlichkeit. Yvan Roussel und Pierre Benoît danke ich dafür, daß sie mir mit viel männlichem Charme einen Zugang zur französischen Sprache verschafft haben.

Marie-Annick Roussel danke ich für ihre Hilfe bei den Kochrezepten, Rudi Wolf aus Les Plantiers danke ich für die Übermittlung der Geschichte vom »Mandragor«, Mademoiselle Andrée Jacques für ihre Geduld und Ungeduld und dafür, daß sie mir als unerschöpflicher Inspirationsquell diente. Den »Caves de Saint Jean« danke ich für den preiswerten Merlot und den Cabernet im Fünf-Liter-Kanister,

ohne deren Hilfe einige Geschichten ungeschrieben geblieben wären. Kati in L'Estréchure, Laurette in Saumane und Kiki in Saint-Jean-du-Gard danke ich für die liebevolle Integration unserer Kinder in Kindergarten und Kinderkrippe. Yvonne Vignal danke ich für ihre freimütig erzählte Lebensgeschichte und Anne-Marie Cellier für ihre wild-romantische Lebensführung, an der sie uns partizipieren läßt.
Selbstverständlich danke ich allen ungenannten Freunden und Feinden, die mich an ihrem Leben haben teilhaben lassen, die mir Geschichten erzählt oder mich in anderer Weise zu einer Geschichte angeregt haben.

Ich danke dem lächelnden Süden.

S.F., 21.2.1996

»Gipfel über Gipfel, Hügelkette über Hügelkette verliefen brandend in Richtung Süden, ausgekehlt und modelliert von den Wintergüssen, im Federschmuck der Kastanien von Kopf bis Fuß und hier und da aufbrechend in eine Krone von Felszacken.«

Robert Louis Stevenson,
»Reise mit dem Esel durch die Cevennen«

Unser L'Estréchure

Es gibt einfach Zeiten, da hat einen das Schicksal am Wickel, nimmt einem den Lebenslauf aus der Hand und spielt ein bißchen damit Pingpong. Seinem letzten Schmetterball verdanken wir unseren Salto nach L'Estréchure. Und anders als im Salto kommt man hier wohl auch nicht an, es sei denn als Tourist auf der Durchfahrt oder als wohlbestallter belgischer Aussteiger, der sich in der wundervollen Umgebung außerhalb des Straßennestes ein Anwesen leistet. Dieses L'Estréchure hat zwar weiß Gott nicht das Zeug zum Publikumsliebling, aber sein Dorfleben ist von einer freundlichen Bescheidenheit, die dem deutschen Eindringling ans Herz greift.

Wir sitzen mittendrin. Eine Gemeindewohnung, direkt über der Bäckerei an der einzigen Straße. Tagtäglich ab vier Uhr in der Früh der Duft von frischem Brot, ab sechs die Motoren der Lastautos im Schlafzimmer. Inzwischen können wir schon die Baguettes von den Croissants und die Straßenbauvon den Tiefkühllastern unterscheiden. Um ehrlich zu sein: Bisher hatten meine geographischen Kenntnisse gerade mal bis zur Ardèche, der berühmten Kanu-Kajak-Wildwasserschlucht, gereicht, links beim Lavendel der Provence und weiter unten, bei der Camargue mit ihren Pferden, Stieren und Flamingos wieder eingesetzt. Die Cevennen aber liegen genau in der Kenntnislücke dazwischen. Und dort, mittendrin, unser neuer Wohnort. Zehn Kilometer bis Saint

Jean du Gard und dann noch mal zwölf bis Anduze, früher das »Genf der Cevennen« genannt: Hochburg des Calvinismus.

Am ersten Mai in aller Herrgottsfrühe sind wir in L'Estréchure angekommen. Ein einsames Neonlicht im Morgengrauen: *»Bar des Chasseurs«*, daneben drei runde schwarze Punkte auf die Hauswand gemalt: *jeux de boules.* Wir parken vor der Zwergenpost und gehen zu unserem Haus. Ein Licht in der Bäckerei. Der blutjunge Bäcker, weiß wie Mehl, lächelt durchs Fenster, der erste Mensch von L'Estréchure: *Oui!* Unsere Wohnung liegt genau über der seinen. Aber der Bürgermeister hat den Schlüssel und schläft noch.

Ab sieben Uhr dreißig, wenn der Ofen auskühlt, ist Jerôme, so heißt der Bäcker, für den kleinen Laden, die *épicerie*, die zur Bäckerei gehört, zuständig. Und gleichzeitig hat er gegenüber die *»Bar des Chasseurs«* zu versorgen. Jerôme gehört deshalb zur seltenen Gattung der Renn-Bäcker: Er stoppt aus dem vollen Lauf hinterm Tresen ab, um die Kaffeemaschine für unseren *Café au lait* anzuwerfen, macht blitzartig kehrt und ist auch schon wieder auf dem Weg über die Straße, weil drüben die schrille Ladenglocke Kundschaft verheißt. Von dort flitzt er nach drei verkauften Baguettes wieder los, um nun in der Bar die Kaffeetassen und bald auch schon die ersten Gläser Rotwein zu servieren, macht beim Abstellen des letzten Glases eine elegante Kurve und katapultiert sich wieder rüber zum Laden.

Man ist fleißig in L'Estréchure.

Jerôme hat tatsächlich die Farbe von im Dunkeln gekeimten Pflanzen. Endiviensalat zum Beispiel. »Weiß, weiß, weiß, … weil mein Schatz ein Bäckermeister ist« … Zum erstenmal mache ich mir klar, daß das nicht vom Mehl kommt, sondern von einem Mangel an UV-Bestrahlung.

Um neun Uhr übernimmt seine Frau Giselle den Laden, seine Mutter die Bar, und unser Bäcker legt sich aufs Ohr, um am Nachmittag als junger Gott neu zu erstehen. Seine Frau errötet noch jedesmal, wenn er wieder auftaucht.

So ein vom Schicksal verpaßter Schmetterball macht natürlich wachsam, die Seele steht auf Empfang. Mit Parabolantenne! Wir beginnen, diesen Ort, der uns nun einmal aufgetragen ist, zu erforschen. Leben und Feldforschung in einem.
Ich gehe in die Zwergenpost, um vom frisch eingerichteten Postscheckkonto Geld abzuheben.
»*Chérie!*« ruft der Postler nach hinten, er betreibt nämlich das Postgeschäft zusammen mit seiner Frau, man wohnt über dem Schalterraum: »*Chérie*, wie sieht es denn mit dem Konto von Madame aus?«
»*Ça va!*« schreit Chérie zurück, »tausend!«, und ich bekomme mein Geld.
Nach wenigen Tagen schon beginne ich zu spüren, wie mir dieses gottverlassene Straßennest ans Herz wächst.

L'Estréchure hat zwei Gesichter. Eines vorne und eines hinten. Das Vorne-Gesicht, das jeder zu sehen bekommt, der hier durchfährt, ist nicht gerade einladend. Am Ortseingang links der Staat in Form von *mairie*, dem Bürgermeisteramt, und einklassiger Dorfschule. Wie zum Trotz genau gegenüber, hinter dem Kriegerdenkmal 14/18, die Kirche, »*le temple*«. Dann eine enge Straße, dicht von grauen, dreistöckigen Häusern gesäumt, der Bürgersteig zu schmal für deutsche Füße, ein kleines »Hôtel Cévenol«, die Terrasse der Bar, eine Parkplatzzeile mit flottem Telekom-Häuschen vor der Post, dahinter die Dorfpalme und gegenüber der Zeitschriftenladen, der »La Boutique« heißt, und neben

Zeitungen, Seifenblasen und Nylonstrümpfen auch Postkarten und massenweise Bücher über die Cevennen führt.
Gut, es gibt noch drei alte Dorfbrunnen, zwei davon in Betrieb, ein paar schöne, aus Bruchsteinen aufgeschichtete alte Häuser und eine gefährliche Kurve, aber das war's dann auch schon. Und eine wahre Beleidigung für jeden Gast sind mit Sicherheit all die Fenster: Stets sind ihre Läden geschlossen oder höchstens mal spaltbreit geöffnet wie mißtrauische Augen. Auf seiner Straßenseite also strahlt L'Estréchure den Charme des Westernkaffs aus, das in Erwartung der Rächerbande dichtgemacht hat.
Jetzt aber öffnen wir das weiße Holzgatter neben dem Eingang zur Bäckerei und gehen durch den düsteren Tunnel, der von unserer Küche überbaut ist, hinaus in Jerômes Garten: Hier öffnet sich das Dorf mit seiner Rückseite dem Land. Schmale, sorgfältig mit Gemüse und Blumen bebaute Paradiesgärten bis hinunter zum schönsten Fluß der Welt: Der Gardon ist hier noch recht klein. Vor kurzem erst dem Berg entsprungen, macht er sich fröhlich auf die Reise zur Rhône, begleitet von raschelndem Bambus, blinkernden Pappeln, Weiden und Erlen. Wir erleben ihn nach ein paar Regentagen im Mai reißend und wild und kurz darauf wieder als lieblichen, blitzblank sich schlängelnden Idealfluß: weiße Kiesbänke und am gegenüberliegenden Ufer dunkle Felsen, die tief im Flußbett gründen und moosbewachsen dem Wasser entsteigen. Da baut der Farn grüne Grotten und wirft seinen Schatten als Spitzenmuster aufs Wasser, in dem Forellen stehen.
Bis Mitte August, als in der Hochsaison die Kläranlage des Campingplatzes überläuft.
Das Panorama der Bergkulisse hinterm Fluß erinnert den, der noch nie in Südamerika war, an Brasilien. Grün in unzähligen Variationen, sanft über die Hügel gebreitet wie

riesiges Moos: Kiefer, Steineiche, Buche, vor allem aber die Eßkastanie. Ihr Grün behält den ganzen Sommer über seine Frische. Und gerade im Herbst, wenn es rundherum leise zu gilben beginnt und die Ränder des Eichblatts bräunlich werden, dann spielt die Eßkastanie »zweiter Frühling«: leuchtende stachlige Kugelfrüchte *en masse*, hellgrün wie junges Birkenlaub.
Kurzum: diese Landschaft ist wild und zart, fruchtig und karg, und sie ist das Romantischste, was ich je gesehen habe. »Wildromantisch« ist wohl das passende Wort. Und das läßt einen nicht so leicht wieder los.
Wer hier weggeht, der muß. Viele müssen. So war das immer wieder in den Cevennen, und so ist das auch heute: Es gibt fast keine Arbeit mehr, nachdem die Seidenraupenzucht erlahmt ist. Nur den Straßenbau und ein wenig Tourismus im Sommer. Ein paar Alternative versuchen, sich mit Schafzucht, Bienenkultur und Seidenproduktion in kleinem Umfang über Wasser zu halten. Die Hälfte der Häuser von L'Estréchure sind nur im Sommer bewohnt, Ferienhäuser wohlhabender Familien aus ganz Frankreich. Einige sind auch schon fest in niederländischer und deutscher Hand. In der nächsten Umgebung stehen ganze Weiler verlassen, ihre ehemaligen Schulhäuser gähnend leer.
Unser L' Estréchure aber lebt noch. Und wir haben die Einwohnerzahl auf 141 Seelen gehoben.
Kurz nach zehn Uhr morgens klopft es an unsere Tür. Es ist der Briefträger, der eben den Briefkasten des Dorfes geleert hat.
»Madame«, sagt er freundlich, »Sie haben einen Franc zuwenig Porto auf Ihren Brief geklebt!«
Ich gebe ihm den Franc, er klebt eine Marke drauf und nimmt den Brief wieder mit.

Wir haben zugesehen, wie dieses karge Cevennendorf, »unser« L'Estréchure, allmählich aufgeblüht ist. Und dabei ist unsere Liebe gewachsen.
Zugegeben, am ersten Mai war es noch kalt und grau gewesen. Aber bald schon hatten die Glyzinien ihre zarten, blaßgrünen Arme um die Häuserecken geschlungen, ihre violetten Blüten schaukelten im Frühjahrswind und zauberten einen ungeahnten Blauton aus dem Grau der Mauern hervor. Danach die Rosen: füllig und knallrosarot, lauter alte Sorten, und mit den Rosen wuchs nachts der Gesang der Nachtigall aus dem Flußtal herauf. So laut und durchdringend, daß die Mainächte anstrengend und berauschend zugleich waren: Rosenduft und Nachtigallengesang über dem hellen Schlagzeugklang, den die Boulekugeln verursachen, wenn sie aufeinanderprallen. Jeden Tag bis tief in die Nacht das *jeux de boules* und freundliche, knappe französische Worte. *Pas mal!* und *merde!* und *joli!* Man bereitete sich in Gruppen auf die Ausscheidungswettkämpfe im Sommer vor, und die Bar schloß immer erst dann, wenn Maurice seinen letzten Kaffee getrunken hatte.
Über dem Klacken der Boulekugeln hat dann die Melodie gewechselt: Die Nachtigallen wurden von den Fröschen und die Frösche schließlich von den Grillen abgelöst. Und mit den Grillen sind die Touristen gekommen, mit ihrem lauten, nächtlichen Gelächter, mit dem Krach des Tischfußballs und dem monotonen Klingklong der Computerspiele bis drei Uhr früh. Da schaffte es auch Maurice nicht mehr, der letzte zu sein. Und unsere ganze Familie lag eine Woche lang krank an Magen und Darm darnieder: Die Kläranlage des Campingplatzes hatte das Flußwasser verseucht.
Doch pünktlich Anfang September, Schulbeginn in Frank-

reich, ist alles wieder klar und der ganze Spuk, der sich Saison nennt, mit einem Schlag vorbei.
Der Herbst hat begonnen. Unser erster Herbst in den Cevennen.
Das Klacken der Boulekugeln begleitet uns wieder in den Schlaf, Maurice bestimmt wieder, wann die Bar dichtmacht, der Sohn des Gemeindearbeiters heiratet, und die frisch renovierte Dorfkirche, *le temple*, kommt endlich einmal zu Ehren. Ein Blaskonzert die Dorfstraße hinauf und wieder hinunter, der Posaunist ist von seinem Ton drei unschuldige Pastis weit entfernt, die Alten sitzen in der Spätsommersonne vor ihren Häusern.
Unsere Kinder schmeißen Steinchen in den Gardon, während wir unsere Rotweingläser festhalten. Selig.

Maroni-Marmelade
Confiture de châtaignes

Zutaten

1 kg Eßkastanien
800 g Kristallzucker
1 Vanilleschote
1 kleines Glas Rum
1 halbes Glas Wasser

Die Schale von den Eßkastanien entfernen.
Die Eßkastanien 10 Minuten lang kochen, dann die zweite Haut entfernen.
Gekochte Eßkastanien in einer Passiermaschine pürieren.
Das Kastanienmus mit allen Zutaten in einen Topf füllen, aufkochen und nach dem ersten Aufkochen noch etwa 15 Minuten lang bei schwacher Hitze weiterköcheln, bis die Marmelade glasiert ist.

Der Mandragor

In einem der engen und tief eingeschnittenen Täler der Cevennen, da lebte einst ein Junge. Sein Name war Baptiste. Das Land, auf dem er mit seiner Familie lebte, war so steil, daß sie es nicht bestellen konnten. Die Erde rutschte an dem steinigen Berghang ab, und die Pflanzen konnten nicht wurzeln. Deshalb machte sich Baptistes Vater daran, eine Terrasse anzulegen. Ein flaches Feld, auf dem sie Salat und Gemüse, Früchte und Wein anbauen wollten. Der Vater stach also vom Berghang senkrecht nach unten Erde und Geröll ab und legte eine ebene Fläche an. Baptiste ging derweil in den Steinbruch, brach aus den Schieferplatten flache, scharfkantige Bausteine heraus und schleppte sie zu seinem Vater, der mit ihnen eine Stützmauer aufschichtete, die die Terrasse an ihrem unteren Rand einfaßte. Baptistes Arbeit im Steinbruch war nicht nur schwer, sie war auch gefährlich. Da gab es nämlich einen tiefen, dunklen Spalt im Schiefergestein. »Da wohnt der Mandragor!« erzählten sich die Menschen im Tal und rissen jedesmal, wenn sie das sagten, ängstlich die Augen auf. »Weckt niemals den arbeitswütigen Mandragor!« schärften die Eltern ihren Kindern ein. Und wenn die Kinder aus den großen Schieferfelsen Mauersteine brachen, dann wagten sie aus Angst kein Wort zu sprechen und setzten lautlos Fuß vor Fuß. Nur das Steineklopfen war dann zu hören, und das schien den Schlaf des arbeitswütigen Mandragors nicht zu stören. Als Baptiste nun aber alleine Stein um Stein aus den Schieferplatten herausbrach, da dachte er plötzlich bei sich: Arbeitswut ist doch gut! Wenn der Mandragor wirklich so arbeitswütig ist, wie die Alten erzählen, dann könnte er mir doch ganz gut beim Steinebrechen helfen! Er schlich also zu dem schwarzen Spalt hin und warf mit Schwung einen Stein hinein. Da erhob sich aus der Tiefe ein fürchterliches Grollen und Donnern, und heraus fuhr wie ein Blitz, der Mandragor!

»Du hast mich geweckt!?« schrie er. »Was also gibt's zu tun?«

Baptiste zitterte am ganzen Leib: Wie eine riesige Wühlmaus sah der Mandragor aus. Keinen Moment stand er still. Die langen Barthaare an der spitzen Schnauze zitterten, und seine Hände mit den langen Krallen zuckten ständig in der Luft umher. Dann begann er, sinnlos in der Erde zu buddeln und blickte Baptiste dabei mit seinen unruhigen gelbgrünen Augen, die vor Arbeitswut nur so funkelten, von unten an. »Du hast mich gerufen, Junge? So gib mir Arbeit! Arbeiten will ich, Ar-bei-ten!! Schnell, Junge, sonst passiert was!«

Und er hechelte und zappelte und buddelte und hatte schon ein tiefes, sinnloses Loch in die Erde gegraben. Da faßte sich Baptiste ein Herz: »Bitte, Mandragor, brich für mich die Mauersteine«, sagte er, »und schleppe sie den Hang hinauf zu meinem Vater!«

Und er hatte noch nicht einmal ausgeredet, da fuhrwerkte der Mandragor schon im Steinbruch hin und her, daß der Schiefer knackte und krachte, und im Nu hatte er die Arme voll mit den schönsten Mauersteinen und war auch schon an Baptiste vorbeigesaust, den Hang hinauf. Der Vater schrie auf, als er den Mandragor sah, doch da war der Mandragor auch schon wieder unten beim Steinbruch und

hatte schon wieder die Arme voll ... und in Windeseile hatte er alle Steine für die Stützmauer beisammen.
»Und jetzt und jetzt?!« Er kam hechelnd angerannt.
Baptiste wollte sich gerade bei dem Mandragor für die Hilfe bedanken und zu seinem Vater gehen, um ihm beim Aufbau der Mauer zu helfen. Da begann der Mandragor wieder zu zappeln und in der Erde zu graben.
»Gib mir Arbeit, gib mir Arbeit«, schrie er, »sonst passiert was!«
In diesem Moment kamen Schafe auf ihrem Weg zur Tränke vorbeigetrippelt. Mit einem wilden Schrei stürzte sich der Mandragor auf die Tiere und fing an, sie eins nach dem anderen zu würgen. Da erkannte Baptiste, daß der Mandragor die Kraft seiner Arbeitswut sinnlos und den Menschen zum Verderben einsetzte, wenn er keine Aufgabe gestellt bekam.
»Ich habe Arbeit für dich!« rief er schnell.
Augenblicklich ließ der Mandragor von den Tieren ab und kam angesaust.
»Geh und hilf meinem Vater, die Mauer aufzubauen!«
Schon war der Mandragor weg. Und als auch Baptiste oben angekommen war, da hatte der Mandragor die Stützmauer schon fertig gebaut.
»Und jetzt und jetzt?« schrie er in blinder Arbeitswut.
Als Baptiste nicht gleich eine neue Arbeit für ihn wußte, da machte sich der Mandragor daran, die Terrasse, die sie gerade angelegt hatten, mit Gewalt wieder einzureißen.
»Geh, Mandragor!« rief Baptiste in seiner Not. »Geh, und zähle alle Kieselsteine im Bach!« Und – husch! – war der Mandragor unten am Bach, und er spritzte und schwamm und wühlte im Wasser, das ganze Tal hinauf und hinab. Und schon stand er wieder da und nannte Baptiste beflissen die Zahl, die er gezählt hatte. Baptiste begann zu zittern. Denn

nun fiel ihm beim besten Willen keine Arbeit mehr ein, und er wünschte sehnlich, er hätte den Mandragor niemals aufgeweckt.
Der Mandragor aber rannte los, riß wie ein Wirbelsturm die Kastanienbäume, die am Steilhang wuchsen, heraus und warf sie hinunter in den Bach, daß die Erde erbebte. Kaum hatte er das erledigt, wandte er sich um und stürzte sich auf Baptiste.
»Mandragor!« schrie der Junge, und der Mandragor hielt kurz inne.
»Schau, Mandragor!« sagte Baptiste, und sein Herz klopfte so laut, daß er dachte, der Mandragor müßte es hören. »Schau, Mandragor, dort in meiner Herde, da ist ein schmutziges Schaf. So schmutzig ist es, daß es ganz schwarz aussieht. Geh und mach es wieder sauber.«
Da rannte der Mandragor los, schnappte sich das Schaf, setzte sich mit ihm in den Bach und begann, es zu waschen. Er wusch und wusch. Er wusch einen Tag und eine Nacht und noch einen Tag und noch eine Nacht. Am dritten Tag schließlich, als das Schaf noch immer nicht sauber war, denn seine Wolle war von Natur aus schwarz, da begann der Mandragor zu weinen.
Er ließ den Kopf hängen, weil er schrecklich müde war, und weil er sich ganz entsetzlich schämte, daß er die Arbeit, die man ihm aufgetragen hatte, nicht erledigen konnte. Da stieg er aus dem Bach heraus, brachte Baptiste das Schaf zurück und wagte nicht mehr, ihm in die Augen zu sehen. Mit gebeugtem Rücken und eingezogenem Schwanz schlich der Mandragor zu seiner Felsspalte zurück und versank in tiefen Schlaf.
Baptiste aber versprach hoch und heilig, das Arbeitstier, niemals – wirklich nie-mals! – mehr zu wecken.

Flußkiesel

Wenn wir morgens früh unseren Hund spazierenführen, gehen wir ein Stück am Gardon entlang. Gleich neben der *passerelle*, dem halbmeterbreiten Betonsteg hinter unserem Garten, der wie alle Brücken der Gegend kein Geländer hat, steht allmorgendlich ein grauer Reiher knietief im Wasser und meditiert.

Sobald er den Hund sieht, breitet er seine Schwingen aus, hebt achselzuckend ab und segelt im Frühnebel dicht über die Wasseroberfläche dahin, ein paar hundert Meter weiter, zum Frühstück. *»Bonjour!«*

Wenige Minuten später begegnen wir dann Maurice, *»bonjour!«*, der als Antwort *»arrête!«* schreit. Er führt zu dieser Stunde seine glänzend braunen, fröhlichen Hühner spazieren und fürchtet zu Recht unseren Hund, den wir natürlich sofort an die Leine nehmen. Maurice schwankt beim Gehen wie ein Seemann und hält eine kleine Gerte hoch, mit der er seine Hühnchen den Weg entlangdirigiert.

Am Nachmittag begegne ich ihm dann noch einmal, wenn ich mit den Kindern draußen bin. *»Tiens, tiens«*, sage ich, »Maurice führt wieder seine *poules*, seine Hühnchen, spazieren!«

»Tiens, tiens«, sagt Maurice und streichelt meinen Kindern über den Kopf, »Madame führt ihre *poussins*, ihre Küken, aus!«

Sobald Ende März *la Pêche*, die Anglersaison eröffnet ist, sieht man am Fluß, vorzüglich am Wochenende, einheimische Männer, die, dem Reiher in Haltung und Ausdruck ähnlich, mit ihrer Angelrute im Wasser stehen. Eines Sonntagnachmittags, als ich mit den Kindern am Flußufer spaziere, habe ich das Glück, *dem pêcheur* an und für sich zu begegnen: Er trägt einen hellolivgrünen Anglerhut, in den rechts und links kleine Reißverschlußtaschen eingelassen sind. Gott allein weiß, wofür die dienen mögen. Möglicherweise für Telefon- und Kreditkarte. Dazu gehört die passende ärmellose Anglerweste, die ihrerseits mit zahllosen Reißverschluß- und Klappentaschen verschiedenster Größen ausgestattet ist. Olivfarbene Anglerstiefel, von einem eigenartigen System elastischer Gürtel auf Hüfthöhe gehalten, komplettieren seine Ausstattung. In jeder Hand hält der *pêcheur* eine lange Angelrute mit Rollmechanismus, ein gelbroter und ein blaugrüner Schwimmer schaukeln wie winzige Boote dicht vor ihm auf der Wasseroberfläche.

Am Ufer hat er seinen Eimer mit Blinkerködern in der Form diverser Fische und Fliegen deponiert sowie einen Fischkorb aus olivgrünem Plastik, das ein Weidenkorbgeflecht imitiert, aber um ein Vielfaches praktischer ist. Ein halber Walfisch würde darin Platz finden.

Man hat hier, besonders wenn man dem männlichen Geschlecht angehört, einen ausgeprägten Sinn für professionelle Ausrüstungen mit einer größtmöglichen Vielfalt an praktischen Accessoires.

Meine Kinder zieht es zu diesen Utensilien hin wie Eisenspäne zu einem Magnet. Ich versuche erfolglos, sie zurückzuhalten, und zischle ihnen schließlich zu, daß sie ganz leise sein müßten, um den Angler nicht zu verärgern und die Fische nicht zu vertreiben.

Da kommt er auch schon aus dem Wasser gestiegen, winkt lachend und begrüßt uns freundlich. Wir könnten so viel Krach machen wie wir wollten, meint er.
»Na, dann haben Sie wohl schon einen guten Fang gemacht?«
Er schaut mich tief entrüstet an. »*Mais non,* Madame!« entfährt es ihm, und er schüttelt heftig den Kopf. »Wo denken Sie hin, Madame! Ich bin frisch pensioniert! *Je m'amuse seulement!* Ich mache das einzig und allein zu meinem Vergnügen!«
Er hebt seine Utensilien von der Erde auf, hängt den Fischkorb in den dafür vorgesehenen kleinen Haken an seinem Anglergürtel und geht schwungvollen Schrittes ein paar Meter flußabwärts. Dort stellt er seine Sachen ab und steigt wieder in den Fluß. Mit den Spitzen seiner beiden Angelruten wedelt er uns zu.
»Je m'amuse! Au revoir et bonne journée!« ruft er noch, um gleich darauf wieder zum Angler-Standbild zu erstarren.
Die Männer der Region sind in allem, was sie tun, *très professionnel* und *très équipé.* Nirgendwo sonst habe ich Radfahrer gesehen, die für die zehn Kilometer von unserem Dorf bis nach Saint Jean du Gard hochgezüchtete Vollblutrennräder mit Fußschutz, Trinkflaschen, Kartentaschen und mindestens zehn Gängen benötigen. Letztes Wochenende kam ein Fahrradtrupp vorbei, der aus zwölf über achtzigjährigen Franzosen bestand. Sie radelten ins Dorf ein wie Olympiasieger und bremsten hart und trocken unter dem Fenster meines Arbeitszimmers ab: T-Shirts in Blau-Weiß-Rot, hautenge Radlershorts, hagere Knie, tadellose Waden, Rennfahrerhelme, Wildlederhandschuhe, und in der Bar gegenüber noch schnell eine Runde Pastis zum Apero.
Daß wir die Worte »Accessoire« und »Detail« aus dem

Französischen geborgt haben, wundert mich nicht mehr.
Unter den Platanen der *»Place des Armes«* in Saint Jean, wo die Bouleliga der Cevennen ihren Sitz hat, habe ich einen Mann ein Gerät benutzen sehen, mit dessen Hilfe der beleibte, betagte und nichtsdestoweniger passionierte Boulespieler es vermeiden kann, sich nach seiner Boulekugel zu bücken. Es ist ein handliches Döschen, das man wie ein Metermaß Richtung Boden ausfahren kann. An seinem Ende ist ein starker Magnet befestigt, der die Boulekugel festhält. »Schnapp« läßt Monsieur die Feder im Döschen für sich arbeiten, und schon ist die Boulekugel, ohne daß er den Rücken krumm machen müßte, wieder in seiner Hand: auf ein Neues. Die deutschen Freunde, die uns, seit wir in L'Estréchure leben, häufiger besuchen, wirken gegen diese Einheimischen wie naive Kinder. Gehen wir mit ihnen an den Fluß hinterm Haus, findet man die Männer nach maximal einer Dreiviertelstunde Schamfrist bis zum Knie im Fluß. Sie schnippen Steinchen übers Wasser und können nicht mehr damit aufhören. Sie suchen die flachsten Steine, den besten Aufprallwinkel, die glatteste Wasserstelle. Ein Cevenole würde so etwas niemals tun. Jedenfalls habe ich noch keinen gesehen. Wahrscheinlich, weil man zum Steineschnippen keine Spezialausrüstung braucht.
Aber auch die deutschen Frauen, die bei uns zu Besuch sind, verfallen am Flußufer einer Sucht, die geschlechtsspezifisch und zugleich typisch deutsch zu sein scheint: Sie wandeln, jede für sich, gesenkten Blickes am Ufer auf und ab, auf und ab. Versunken, dem Schicksal hingegeben, offen für ein neues Glück und noch eins und noch eins: Sie sammeln die schönsten, glattesten, rundesten Flußkiesel.

Schließlich stehen alle Männer im Fluß nebeneinander und messen sich: »Zeig mal, wie oft schaffst du es hintereinander?«
Und wenn sich die Wege der Frauen kreuzen, dann blicken sie sich neugierig in die gefüllten Hände, die sie wie Körbchen in Hüfthöhe halten: »Zeig mal her!« sagen die Frauen. »Wie viele hast du denn schon eingesammelt?«

Gebratener Flußfisch
Les Gardons du Gardon

Vorbemerkung

Der Gardon ist ein länglicher Süßwasserfisch mit weißem Fleisch, etwas schlanker und zierlicher als die Forelle. Er kommt in vielen Flüssen vor. Im Gardon, dem Fluß des Departements Gard, trifft man ihn ständig, da er wenig scheu ist, geradezu neugierig erscheint und bis ans flache Uferwasser heranschwimmt.
Es gibt in ganz Frankreich den Ausspruch: *»être frais comme un gardon«* – »frisch sein wie ein Gardon.« *»Tu est frais comme un gardon«*, ist ein hübsches Kompliment.

(Dieses einfache Rezept können Sie natürlich auch mit jedem anderen Süßwasserfisch ausprobieren).

Rechnen Sie pro Person 3 Gardons.
Die Fische ausnehmen. In Mehl wenden.
In sehr heißem Öl einige Minuten fritieren.
Abtropfen lassen, gut salzen, mit einer Scheibe Zitrone beträufeln. Heiß servieren.
In L'Estréchure ißt man den Gardon nach einem beliebigen Entree als Hauptgang ohne Beilagen.
Für besonders Hungrige gibt es Pommes frites dazu.

Mademoiselle taut auf

Der Garten hinter dem Geräteschuppen gehört Maurice. Durch den Maschendraht wachsen seine Johannisbeeren zu uns rüber. »*Allo, allo!*« rief er. »*Venez, Madame, groseilles pour les enfants!*« Die ersten reifen Johannisbeeren für unsere Kinder. Ich ging fröhlich zu ihm hin, aber das war nur die Einleitung gewesen. »Beh«, sagte er, behielt die Johannisbeeren in der Hand und machte eine schwerwiegende Pause. Er hätte gehört, daß in unserem Haus bald eine neue Mieterin einziehen würde. Wir bekämen also eine Nachbarin. »Die kenne ich!« sagte er, »o là là. Da werden Sie aber Geduld brauchen! Mademoiselle mag nämlich keine Kinder.« Maurice wischte sich mit der freien Hand bedächtig den Schweiß von der Stirn und fügte eine neue kunstvolle Pause ein, bevor er weiterredete. »Hunde mag sie auch nicht.« Nun pflückte er wie gedankenverloren noch ein paar Johannisbeeren ab: »*Enfin*«, seufzte er, »den ganzen Rest der Welt kann sie eigentlich auch nicht leiden.« Endlich schob er mir seine Johannisbeeren durch den Maschendraht zu. »Ich wollte es Ihnen nur gesagt haben ... *et bonne journée!*«

Der Garten, der unserer Terrasse gegenüber liegt, gehört Norbert. »Hoho! Hoho!« Er winkte mir mit einer enormen Mohrrübe zu. »*Pour vous*«, sagte er, als ich an den Zaun trat, und zwängte sie durch die Eisenstäbe, »aber zeigen Sie sie

Ihrem Mann, bevor Sie sie kleinschneiden, der wird Augen machen!«

Ich nahm das obszöne Ding dankend entgegen.

»Wissen Sie eigentlich, wer die Mademoiselle ist, die unter Ihnen einzieht? *Non?*« Er riß die Augen auf und wedelte mit seiner großen Hand neben seinem Ohr hin und her. Das sollte wohl soviel wie »Achtung, Achtung!« bedeuten. Dann legte er die Hand an den Mund und flüsterte das lauteste Flüstern, das ich je gehört hatte. *»Une chienne!* Eine Hündin!«

Ich wagte nicht nachzufragen, was er damit meinte, und zog mich mit der Riesenrübe im Arm vorsichtig zurück.

Als ich Croissants einkaufte, nahm mich Jerômes Mutter beiseite: *»Alors«*, sagte sie und sah sehr geheimnisvoll drein, »da wünsch ich Ihnen viel Glück, Madame!«

Ich schaute sie ratlos an.

»Beh ... mit ihrer neuen Nachbarin! Ich sage Ihnen, sie ist ein Eiswürfel, und zwar ein bissiger: *un glaçon méchant.* Ich wollte es Ihnen nur gesagt haben.«

Wir strengten uns an, ganz locker und unvoreingenommen zu bleiben. Wir brachten unseren Kindern sogar schon im voraus bei, Mademoiselle mit *»Bonjour, Mademoiselle!«* zu grüßen, und verboten unserem Hund das Bellen.

Als Mademoiselle am dritten Freitag im Mai einzog, lächelten wir und lächelten. Aber wir sollten kein Glück haben. Das Problem ist: Mademoiselle wohnt direkt unter uns. Das ist kein leichtes Los.

In der folgenden Samstagnacht waren wir gezwungen, uns gegen drei in der Früh ihr Liebesgeflüster mit dem Wildschweinjäger aus Saint Jean du Gard anzuhören, das keineswegs beim Flüstern blieb.

Bereits dreieinhalb Stunden später, um halb sieben, stan-

den unsere Kinder auf der Matte und rannten – es ist die beste Rennstrecke unserer Wohnung – im Flur, der genau über Mademoiselles *chambre* liegt, hin und her.
Bis plötzlich eine Dampflok die Stufen zu uns heraufstampft. Fäuste donnern an die Tür, uns stockt der Atem, die Kinder kriechen zu uns ins Bett.
Mutig bedeckt mein Mann seine Blößen und öffnet. Völlig aufgelöst, mit wutverzerrtem Gesicht und gelben Augen steht da, im Morgenmantel, türkis, Mademoiselle, fuchtelt wild mit der Hand vor seinem Gesicht herum und schreit, sie habe schon die ganze Nacht nicht schlafen können, und jetzt das, am frühen Morgen! Auf Französisch für Doofe fügte sie hinzu: »*Les enfants pas courir,* die Kinder nicht rennen!!!«
Das haben wir unseren Kindern seither immer wieder gesagt, aber es gibt einfach ein Alter, da kennt das Leben noch keine gemäßigte Gangart.
Nachdem sich die folgende Nacht und der darauffolgende Montagmorgen identisch gestaltet hatten (1. Liebesgeflüster, 2. Kinderkrach, 3. Dampflok), faßte ich mir ein Herz. Ich schrieb mit Hilfe unseres dicken *dictionnaire* einen Entschuldigungsbrief, so seien Kinder nun mal, et cetera, und legte drei frische Croissants dazu.
Im Laufe der folgenden Woche habe ich Mademoiselle dann mehrmals in aufgeregtem Disput mit anderen Dorfbewohnern gesehen, der sofort verstummte, wenn ich in die Nähe kam. Soweit ich in Erfahrung bringen konnte, hat sich Mademoiselle darüber informiert, ob Kinder tatsächlich so sind, oder ob unsere eine schlecht erzogene deutsche Ausnahme darstellen. Wir hatten unsererseits leider nicht die Courage, nachzufragen, ob erwachsene Französinnen tatsächlich so sind, oder ob Mademoiselle eine Ausnahme darstellt.

Selbstverständlich standen unsere Kinder auch weiterhin früh auf, liefen herum, stießen sich an, fielen um und schrien dazu. Und selbstverständlich empfing Mademoiselle weiterhin regelmäßig ihren Wildschweinjäger aus Saint Jean.

Aber meine einlenkende Geste hatte doch Folgen: Die Dampflok blieb aus. Seit den geschenkten Croissants rächt sich Mademoiselle auf vergleichsweise charmante Art. Sind unsere Kinder in der Früh laut gewesen, dreht sie nun zur Frühstückszeit ihren Kassettenrecorder auf. Ohrenbetäubend. Gar nicht übel, nur viel zu laut: französische Chansons. Unsere Kinder finden das prima. Sie singen lauthals mit und tanzen stampfend dazu. Gegen acht Uhr zwanzig hören wir dann wütendes Türenknallen, Schlüsselrasseln und Füßetrampeln auf der Treppe: Mademoiselle begibt sich zur Arbeit und läßt die Musikkassette in ihrer Abwesenheit in voller Lautstärke zu Ende laufen.

Sie hat jetzt ihre Brille gegen Kontaktlinsen eingetauscht, die violett gefärbt sind, was ihrem Blick eine irritierende Intensität verleiht. Mademoiselle bedient im Nachbardorf im Restaurant *»Panier fleuri«*, Zum blühenden Korb.

Als ich an Mademoiselles flottem kleinen Renault vorbeikomme und neugierig hineinschaue, entdecke ich, daß sie hinter der Windschutzscheibe ein ganzes Arsenal von Kontaktlinsenbehältern, von Reinigungsmittelflaschen und Papiertuchhaltern installiert hat.

Da also unser Verhältnis zu Mademoiselle zugegebenermaßen etwas gespannt ist, beschränkt sich unsere Konversation normalerweise auf gebrummelte *»bonjours«* mit flüchtigem Blickkontakt, von ihrer Seite abwechselnd gelb, violett oder braun.

Ein paar Wochen später, es war ein schöner Sommertag, vielleicht lag es an der warmen Luft, die sogar das Gefrierfach unseres Kühlschranks zum Auftauen brachte, oder Mademoiselle war gerade frisch verliebt, oder sollte es womöglich gar an mir gelegen haben, was weiß ich, eines Tages also, als ich mit unseren Kindern gerade auf der Treppe zur Terrasse spielte, kam Mademoiselle von der Arbeit heim. Wir befanden uns direkt in ihrer Einflugschneise. Sie mußte notgedrungen abbremsen und dicht an uns vorbei. Ihre Augenfarbe war heute Braun.

»*Bonjour,* Madame«, sagte sie.

»*Bonjour,* Mademoiselle«, sagte ich. Um die peinliche Pause, die nun entstand, zu überbrücken, fügte ich hinzu: »Na, haben Sie Feierabend?«

Mademoiselle seufzte tief auf und verdrehte die Augen dramatisch gen Himmel: *»Oui, oui!«*

Dann noch ein Seufzer.

»Viel zu tun zur Zeit?«

»Das können Sie laut sagen, Madame! Alle Welt hat Ferien, nur ich muß früh raus und den ganzen Tag bedienen. Na, sind wenigstens Ihre Kleinen artig?«

Um die Situation zu entschärfen, redete, oder besser gestikulierte ich drauflos, versuchte, mimisch darzustellen, daß ich es ganz schön anstrengend fände, immer auf die Kinder aufzupassen, daß man sie, solange sie so klein wären, ja wirklich keinen Augenblick aus den Augen lassen könnte, und daß mich das manchmal ganz schön Nerven kostete.

Mademoiselle blieb tatsächlich stehen und sah mich lange an. »Ich weiß nicht, wie das mit Kindern ist«, sagte sie schließlich, *»je regrette,* ich habe leider keine!«

Ich versuchte, mir meine Rührung nicht anmerken zu lassen. »Nun, Sie sind noch jung«, meinte ich, »das wird sicherlich noch kommen«, und dabei spürte ich genau, daß man mir meine Zweifel an der Stimme anhörte.

Sie schüttelte heftig den Kopf. *»Je ne crois pas.* Das glaube ich nicht. Ich bin jetzt schon achtundzwanzig, und ich habe einen schwierigen Charakter. Ich lebe zu lange allein, bin schon ein richtiges alleinstehendes altes Mädchen, *une vieille fille célibataire.*« Aber man wäre eben, wie man wäre, und ändern würde sie sich nicht mehr.

Ich lenkte ein, daß das Alleinleben sicherlich auch seine Vorteile hätte, und daß mich meine Kinder manchmal ziemlich störten, vor allem, wenn die Arbeit drängte.

Sie sah mich erstaunt an. »Arbeiten Sie auch? Sie sind doch den ganzen Tag zu Hause!«

Ich erklärte ihr, daß ich mich an den Schreibtisch setzte, sobald ich dazu käme.

Natürlich wollte sie wissen, über was ich schriebe. »Über unser Dorf, über die Menschen ...«

»C'est pas vrai«, rief sie aus und lachte. »Komme ich da etwa auch vor?«

Ich nickte und sagte, das wäre eigentlich keine schlechte Idee. Mademoiselle war sichtlich geschmeichelt.

»Alors«, sagte sie, »wenn Sie wollen, Madame, dann paß ich mal auf Ihre Kinder auf, damit Sie zum Arbeiten kommen!« Sie würde aber auch dann, wenn ich abends einmal mit meinem Mann ausgehen wollte, bei den schlafenden Kleinen gerne Wache halten.

Ich sagte, ich käme bestimmt bald auf ihr freundliches Angebot zurück.

»Okay«, sagte Mademoiselle im besten Cevenolisch, wünschte einen schönen Abend, sie müsse sich jetzt um ihren Haushalt kümmern, man käme ja zu nichts.

Ich weiß nicht, warum, aber bis zum Babysitten ist es zwischen uns nie gekommen. Mir mangelte es wohl doch am nötigen Vertrauen in ihre Wärme und Kinderliebe. Vielleicht lag es auch daran, daß Mademoiselle nach dieser kleinen sommerlichen Aufwärmphase ganz schnell wieder eine dicke Eisschicht um sich legte. Unsere Tochter aber, die unsere Unterhaltung auf der Terrasse mitbekommen hatte, ist seither nicht mehr davon abzubringen, daß Mademoiselle in Wahrheit Kinder liebt. Unser Hund allerdings hat nie aufgehört, Mademoiselle anzukläffen, und das, obwohl wir es ihm strengstens verboten haben.

Dann kam der Herbst, ohne daß sich unser nachbarschaftliches Verhältnis weiter erwärmt hätte. Mademoiselle blieb tiefgekühlt, ihre Wohnungstür knallte so satt zu wie ein Kühlschrank aus den sechziger Jahren, sie drehte weiterhin die Musik auf, brummelte trotzig ihr *bonjour* und wandte die bunten Augen ab.

Ende Oktober aber ergriff eine leise Unruhe die ganze Region. Eine Unruhe, die auch Mademoiselles Herz nicht unberührt ließ. Ab Allerheiligen wurde es ernst. Die ersten kalten Nächte. Jetzt sah man die Rentner von Saint Jean du Gard im Laufschritt, ihr Elektroöfchen am Tragegriff in der Hand, auf dem Weg zur Reparatur.

Der Supermarkt, der »Marché U«, warf doppelt und dreifach seine Flugwerbung in die Briefkästen, darauf räkelten sich junge Frauen in bauchfreier Skiunterwäsche zwischen klotzigen Holz- und Kohleöfen ab 2700 Francs.

Von den Plakatwänden herab machten ihnen die putzigen Männlein von der EDF, der »Electricité de France«, Konkurrenz. Sie lächeln und scherzen für die Atomkraft Frankreichs. Sie tanzen lachend Ringelreihn und singen den Slogan: »Die Energie? – Wir meistern die!«

Wir in Frankreich haben nämlich kein Problem mit dem Atomstrom, und wer elektrisch heizt, der erhält monatlich auch ein kostenloses Heftchen mit Spartips.

Maurice und seine Brüder holzen die großen Uferbäume am Gardon gnadenlos ab. Wir in Frankreich haben nämlich auch keine Probleme mit der Natur. Zwar wird das nächste Hochwasser den Uferrand mitreißen, und im kommenden Sommer wird es schwer sein, ein schönes Schattenplätzchen zu finden, aber: *»Pas de problème«*, sagt Maurice. »Ihr Deutschen mit eurem Öko-Wahn! *Non non, pas de problème,* wirklich nicht, das wächst schnell wieder nach! Jedenfalls hier, bei uns!«

Le chauffage, die Heizung, ist das Thema der Stunde. Es erwärmt die Gemüter und bringt die Bewohner der Region einander menschlich näher, wobei es niemals um die moralische, sondern einzig und allein um die Kostenfrage geht. Man kann das gar nicht ausführlich genug diskutieren.

»Wie immer vier Croissants, *n'est-ce pas?*« fragt die Bäckersfrau. »Und wie heizen Sie, Susanne?«

Ich setze bei dieser Frage automatisch eine schuldbewußte Miene auf. »Wir haben in der Wohnung eingebaute Elektroöfen«, sage ich kleinlaut.

Augenbrauen zucken in die Höhe, Häupter werden skeptisch gewiegt, Unterkiefer schieben sich vor, alle Daumen und Zeigefinger reiben mechanisch aneinander.

»O là là!« sagt Maurice und schüttelt den Kopf. »Das wird teuer!«

»Mon dieu!« ruft Norbert aus. »Da müssen Sie zahlen. Die EDF nimmt's von den Lebendigen!«

»Beh«, sagt die Bäckersfrau, »dann warten Sie mal die Stromrechnung ab, Madame! Ende Februar, rückwirkend für sechs Monate!«

»Da fangen Sie lieber mal gleich mit Sparen an!« rät Norbert.

Ich wisse wohl, daß das teuer würde, versuche ich mich zu verteidigen. Wir haben schon seit Wochen Angst vor der Rechnung. Aber wenn wir die alten Kamine wieder auf-

reißen und dann neue Öfen kaufen müssen, um sie reinzustellen, sind die Kosten immens.
»Madame Durand hat vielleicht noch einen alten Holzofen, den Sie billig haben können«, weiß die Bäckersfrau.
»Das ist aber gefährlich, wenn man kleine Kinder hat«, sagt Norbert.
»Holz lohnt sich sowieso nur, wenn Sie eigenes Land haben, wo Sie Ihr Holz schlagen können«, meint Maurice, »wenn Sie es kaufen müssen, kostet das mehr als Öl!«
Mademoiselle bezahlt ihre Croissants. »Also, ich heize mit Öl«, sagt sie und lächelt triumphierend. »*C'est pratique et pas cher,* praktisch und preiswert. Ich stelle den Ofen klein, wenn ich zur Arbeit gehe, und wenn ich heimkomme, hab ich es warm. Fünfundzwanzig, sechsundzwanzig Grad. Kommen Sie, Madame, ich zeig es Ihnen!«
Mein Herz klopft. Mademoiselle ist wieder einmal aufgetaut! Sollte sie mir jetzt tatsächlich die Tür öffnen, die sie bisher immer nur laut zugeknallt hat? Ich entwickle großes Interesse für ihr Heizsystem.
Und da, mitten in ihrem liebevoll eingerichteten kleinen Wohnzimmer, steht ein Monster von Eisenofen, und Mademoiselle breitet die Arme aus, als gälte es, in einer Fernsehshow den Star des Abends zu präsentieren.
»*Ça chauffe!* Er heizt die ganze Wohnung!«
Zur besseren Wärmezirkulation hat Mademoiselle alle Türen ausgehängt.
»Sehen Sie, wie gut der heizt.« Sie führt mir zwei völlig vertrocknete Topfpflanzen vor. »Die haben es nicht überstanden.«
Mademoiselle hat sich von Jean-Claude, dem Gemeindearbeiter, ein gekonntes Holzgestell im Gartenschuppen bauen lassen. Wir haben uns schon öfter gefragt, wie sie es immer wieder schafft, andere für sich arbeiten zu lassen.

Liegt es an ihrer Fähigkeit, Terror auszuüben? Oder investiert sie den Charme, den sie bei uns einspart, andernorts? Wahrscheinlich liegt es an dem völlig unberechenbaren Wechsel zwischen beidem.

Auf dem Holzgestell jedenfalls ruhen zwei riesige Ölfässer, leicht geneigt, mit Spund. Jetzt geht Mademoiselle morgens, trotz Kälte nacktfüßig in den berühmten Pantoffeln mit Puschelpompom, Brille auf der Nase und ganz in ihren glänzenden, wattierten Morgenmantel, Farbe Türkis, gewickelt, in die Bäckerei, kauft ihre Frühstücksbaguette und zwei Hörnchen und nimmt sich auf dem Rückweg gleich eine Kanne Öl aus dem Garten mit ins Haus. Kaffeeduft und Öldunst am Morgen.

Diese Gewürzmischung hängt auch jetzt noch in ihren golddurchwirkten Gardinen. Mademoiselle stellt sich ganz dicht neben mich, durch das Öl hindurch rieche ich ihr Parfum, Chanel Nr. 5 wie Marilyn Monroe, und sie nutzt diesen intimen Augenblick, um mich in ein weiteres französisches Geheimnis einzuweihen: Sie zeigt mir einen dicken Katalog, blättert und blättert, über Dessous, Kinderkleider und Epiliergeräte hinweg, bis sie bei *Tout pour la maison* angekommen ist.

»*Regardez, regardez!* Da, sehen Sie«, ruft sie erregt, »Sie können Ihren Ölofen auch per Katalog frei Haus bestellen. Und in mehreren Raten zahlen! So habe ich es auch gemacht. *C'est pratique et pas cher!*«

Mademoiselles Eifer ist von einer echten, menschlich-warmen Regung kaum mehr zu unterscheiden. Sie leiht mir den Katalog, damit wir uns ausführlich informieren können, und füllt, während sie mir genau erklärt, wie man da eine Bestellung macht, gleich das Blatt aus, auf dem sie als Vermittlerin unterschreibt. Wenn wir einen Ofen kaufen, bekommt nämlich Mademoiselle eine Thermoskanne gra-

tis! Wir können uns dann zwar doch nicht für den Eisenölofen im gotischen Stil entscheiden, aber wir beeilen uns, wenigstens Wollstrumpfhosen für die Kinder zu bestellen.
Und als ich mit der Lieferung tatsächlich auch die Thermoskanne für Mademoiselle bekomme, bin ich glücklich, als ich sie ihr runterbringen kann. Mademoiselle strahlt ultraviolett, was wirklich nicht oft vorkommt!
Danach aber erstarrt sie wieder zum Eiswürfel.
Wir nähern uns dem Weihnachtsfest. Im Supermarkt liegen schon Glitzergirlanden, Ketten mit bunten Glühbirnchen und Tannenzweige aus einem grünglänzenden textilen Material aus. Ich bin auf der Suche nach Christbaumkerzen.
Als ich im Haushaltswarengeschäft danach frage, schaut man mich an, als hätte ich etwas sehr, sehr Unanständiges gesagt.
»Ach, in Deutschland ist das noch erlaubt??«
Hier nämlich, in diesem Land, in dem zur Weihnachtszeit fast in jedem Haushalt mindestens ein offener Kamin lodert, sind Christbaumkerzen wegen Brandgefahr streng verboten!
Im dritten Laden aber kramt mir die Frau des Chefs unter ängstlichen Seitenblicken eine verstaubte Schachtel aus dem Lager hervor, die rote Kerzen im passenden Format enthält. »Dekorationskerzen« steht darauf.
Madame läßt die Schachtel rasch in eine Papiertüte gleiten und verklebt die Öffnung mit mehreren Lagen Tesafilm. Ich weiß bis heute nicht, welche drakonische Strafe in Frankreich auf den Verkauf von Christbaumkerzen steht.
Und noch einmal, jetzt im Vorfeld des »Festes der Liebe«, dürfen wir erleben, wie Mademoiselle auftaut. Es war ihr bisher letzter Schmelztag.
Zwei Tage vor Weihnachten steht sie vor unserer Wohnungstür. Hat ihr schönes, gelocktes Haar, das sie sonst

immer hochsteckt, aufgelöst und lächelt lieblich wie ein Engel.

»*Bonjour,* Madame, ist Ihre Tochter zu Hause?«

»Hat sie was angestellt, oder war sie zu laut?«

»Non non, mais non!«

Ich atme erleichtert auf. Mademoiselle will Johanna etwas Schönes zeigen. In ihrer Wohnung. Sie ist aufgeregt. Und macht es dringlich.

»*Viens, Joanna, viens chez moi, vite, ma chérie!*«

Unser Hund bellt sie unbeeindruckt an, das Kind aber ist sofort Feuer und Flamme, es hat ja schon immer gewußt, daß Mademoiselle ein Herz für Kinder hat, und springt gleich zu ihr hinunter. Nach wenigen Minuten schon kommt Johanna mit glänzenden Augen zurück: Mademoiselle hat auch ihren Weihnachtsbaum per Katalog bestellt, und heute früh ist er angeliefert worden.

»Wunderschön ist der!« ruft das Kind begeistert. »Ganz aus Plastik und aus purem Gold!«

Süße Weihnachtsöhrchen
Oreillettes

Vorbemerkung

Die Öhrchen werden in L'Estréchure am Vorabend des Weihnachtstages gebacken. Es sollten so viele sein, daß sie bis Neujahr reichen.

Zutaten

2 kg Mehl
4 Eier
1 Päckchen Hefe
250 g Butter
Saft einer kleinen halben Zitrone

Alle Zutaten mischen, bis ein dicker Teig entstanden ist. Formen Sie eine Kugel und lassen Sie sie 2 Stunden an einem warmen Ort ruhen. Dann den Teig dünn ausrollen und in kleine, etwa 15 cm große Vierecke zerschneiden. Erhitzen Sie Öl in einer Pfanne und fritieren Sie die Vierecke, bis sie knusprig und zart goldbraun sind.
Lassen Sie sie auf Küchenkrepp abtropfen und bestäuben Sie sie von allen Seiten mit Puderzucker.

Norberts Garten

Norberts Garten grenzt an unseren. Während bei uns die Wüste vorherrscht, pflegt Norbert sein Paradies.

Eigentlich arbeitet er im Straßenbau der Gemeinde, das macht Norbert für ein wenig flüssiges Geld, für die *assurance sociale,* die Sozial- und Rentenversicherung, sein Herz aber bleibt währenddessen in seinem Garten. Norbert ist Gärtner von Gottes Gnaden. In jeder freien Minute wühlt er in der Erde, seine Bewegungen haben dann etwas Rasendes, ähnlich einer riesigen Wühlmaus. Er pflügt sonntagmittags zwischen halb zwei und halb vier mit dem motorisierten Handpflug, unbremsbar, er sät, pflanzt, jätet Unkraut, deckt Beete ab und wieder auf, hat eine komplizierte Pumpanlage installiert, mit deren Hilfe er Sommerabende lang das Wasser vom Gardon in seinen Garten hochpumpt, und: Norbert erntet stolzgeschwellt.

All unser Gemüse kaufen wir bei ihm. Petersilie, Basilikum und Thymian bekommen wir in barocken Sträußen dazugeschenkt.

Dem wechselnden Wachsen, Blühen und Gedeihen über den Gartenzaun hinweg zuzusehen, ist eine wahre Freude. Dabei nehmen wir auch wahr, wieviel Arbeit Norbert in dieses Wachstum investiert. Wahrscheinlich schmeckt uns sein Gemüse deshalb so gut. Denn heutzutage ein persönliches Verhältnis zu der Mohrrübe entwickeln zu dürfen, die man auf dem Teller hat, ist doch wirklich ein Geschenk.

Und zu jeder Jahreszeit findet Norbert zwischen Kartoffeln, Erdbeeren, Salat und Tomaten auch noch einen Winkel für ein paar leuchtendbunte Blumen.
Im Sommer, wenn ich mit Gästen im Garten saß, tönte immer wieder ein dröhnendes »Hoho!« über den Gartenzaun. Anfangs bin ich erschrocken hochgefahren und wagte mich kaum zu dem Mann hin, der da in hohen Gummistiefeln in der Erde stand, und, den Rücken tief gebeugt, von unten mit gelbgrünen schrägstehenden Augen heraufschaute und schrie: »Hoho!«
Inzwischen weiß ich es längst. »Hoho!«, das heißt: »Alle mal herschauen! Norbert zeigt euch seine riesigste Mohrrübe, die unglaublichste Aubergine und den fettesten Kohlkopf der Welt!«
Ich springe natürlich jedesmal schnell zu ihm hin und bewundere die Früchte der Erde und seiner Arbeit, während meine Gäste im Hintergrund anerkennend nicken. Als es wieder einmal »Hoho!« machte und ich an den Gartenzaun trat, da schenkte mir Norbert ein paar Erdbeeren. »Für die Kinder«, sagte er, vor allem aber wollte er ein wenig mit mir plaudern.
Norberts bevorzugtes Thema ist Mademoiselle. Die hat nämlich, bevor sie in die Wohnung unter uns gezogen ist, neben Norbert gewohnt und ihn mächtig geärgert mit ihren zahlreichen Liebhabern, mit lauter Musik und vor allem mit ihrer völligen Ignoranz gegenüber seinen Agrarprodukten. Damit hat sie Norbert im Innersten verletzt. »Sooft ich ihr auch Gemüse aus meinem Garten geschenkt habe«, erzählt Norbert, »meinen Sie, Mademoiselle hätte jemals irgend etwas von sich aus bei mir gekauft? Undankbar, einfach undankbar!«
Deshalb ist Norbert auch überzeugt davon, daß es nicht die beiden Dorfraudis waren, die den Schlauch seiner Wasser-

pumpe herausgerissen haben, sondern Mademoiselle. Sie hat sich, so weiß Norbert, bei Nacht und Nebel, ihrer Pumps nicht achtend, in seinen Garten geschlichen und mit geradezu titanischer Kraft seine Bewässerungsanlage zerstört. Und das einzig und allein, um ihn zu ärgern …
Norbert breitet mir anläßlich dieser Geschichte auch seine Theorie aus, die erklärt, warum Mademoiselle solche verrückten Dinge tut, warum sie überhaupt schwierig ist und weder Hunde, nicht einmal seine niedliche kleine Elma, und auch keine Kinder leiden könne. Das käme daher, sagt Norbert, daß Mademoiselle Medizin mit besonderen Wirkstoffen zu sich nähme, damit sie bei ihren zahlreichen Männerbekanntschaften nicht schwanger würde. Diese Stoffe aber stiegen ihr in den Kopf und brächten dort, im Gehirn, alles in Unordnung. So sei das nämlich. Kein Wunder also!
Norbert hat zwei Hunde. Hoki und Elma. Hoki wohnt in einer Tonne. Er ist, ganz ein kleiner Diogenes, alt, verbittert und bissig. Elma dagegen ist der Sonnenschein der Familie. Sie ist ein noch junges Hundemädchen und wird von allen geliebt und für ihre Schönheit und ihren Liebreiz, der für den neutralen Betrachter völlig im verborgenen blüht, gehätschelt. Ein gewisser kreatürlicher Charme ist ihr allerdings tatsächlich nicht abzusprechen: Wenn Norbert um fünf vom Straßenbau nach Hause kommt, dann nimmt Elma Anlauf – sie reicht ihm gerade mal bis zur halben Wade – und springt auf seine Schulter, reckt das schwarze Köpfchen, dem man die Pudelgroßtante väterlicherseits noch ansieht, und leckt ihn ab. Dagegen hat Hoki, der ohne jedes Abzeichen irgendeiner Abstammung in sein Hundedasein geworfen wurde, natürlich nie und nimmer eine Chance: Hoki streift, angestrengt Freude mimend, mit steifen Beinen einmal um Norberts Hosensaum

herum, wird unwirsch weggeschubst und verzieht sich schnell wieder in seine Tonne, aus der er allsdann verbittert herauskläfft.
Wenn mir Norberts Frau hinterm Haus mit ihrer Handwaage die Zucchini abwiegt, dann können wir uns immer nur schreiend verständigen, weil Hoki und Elma um die Wette bellen. Madame findet das selbstverständlich und interpretiert erbarmungslos zu Elmas Gunsten.
»Elma freut sich über Ihren Besuch! Aber nehmen Sie sich vor Hoki in acht, der bellt wieder so böse und beißt Besuchern gern ins Bein.«
Ich weiß nicht, wie ich mich in acht nehmen soll, weil beide Köter direkt vor mir stehen und mich in Schach halten.
Manchmal schäme ich mich, wenn ich meine großen Taschen voll mit dem wunderbarsten Gemüse nach Hause trage und keine zwanzig Francs dafür bezahlt habe. Aber Norbert und seine Frau haben schon früh am Morgen, bevor Norbert das Haus verläßt, die Tagespreise festgesetzt, und die darf Madame dann den ganzen Tag über weder nach unten noch nach oben korrigieren.
Irgendwann im September ist schlagartig Schluß mit den Tomaten aus Norberts Garten. Die letzte Überfülle ist in einen riesigen Metalleimer gewandert, wo sie mit etwas Öl, Zwiebeln, Pfeffer, Salz und Gewürzen zwei Tage lang über einem offenen Feuer in der Ecke des Hofes in Tomatenmark umgewandelt wird. Danach gibt es dann noch eine ganze Weile Salat, Kürbis und Porree zu kaufen, und in dem Maße wie die Fruchtbarkeit seines Gartens nachläßt, verringert sich auch die Häufigkeit meiner Besuche in Norberts Haus und unserer Begegnungen an seinem Gartenzaun.
Eines Tags, zur Weihnachtszeit, als außer Spinat, einigen Kohlstrünken für die Kaninchen und einem Beet mit Feld-

salat, den man hier für leicht giftig hält, weshalb man ihn unbedingt, wie Norbert meint, nur vermischt mit anderem Salat essen soll, als also sogar in Norberts Garten fast nichts mehr wächst, ist der öffentliche Parkplatz vor der Post plötzlich belegt. Alles voll mit Mist! Zwei riesige Haufen direkt neben dem Gemeindeweihnachtsbaum. Kein schöner Anblick. Ich denke zunächst an eine Demonstration nach Manier der EG-Bauern, die Mist vors Landwirtschaftsministerium kippen, um auf irgendwelche agrarischen Mißstände hinzuweisen, und parke mein Auto verständnisvoll auf dem anderen Parkplatz vor der *mairie.* Die Misthaufen aber bleiben liegen, und es muffelt eine ganze Arbeitswoche lang, ohne daß auch nur der Schatten eines Demonstrationszuges in Sicht käme.

Am Sonntagmorgen schließlich treffe ich Norbert beim Mist an. In Zusammenarbeit mit seiner Tochter sticht er den Mist spatenweise ab und schafft ihn im Schubkarren durch ein Hintertor in seinen Garten. Norberts Tochter ist sechzehn Jahre alt und bildhübsch. Während der Woche wohnt sie im Lyceumsinternat in Alès. Nur am Wochenende kommt sie nach Hause. Es ist wohl nicht nötig, Patricias Gesichtsausdruck zu beschreiben, mit dem sie diese sonntägliche Pflichtarbeit für ihren Vater kommentiert. Diesen Blick haben einfach nur entnervte hübsche sechzehnjährige Mädchen drauf. Ich frage Norbert, ob das hier Gemeindemist wäre, eine Art Weihnachtsgabe, bei der jeder sich bedienen dürfe?

»Nein, keineswegs«, antwortet Norbert, »das ist alles mein Mist. Alles, Schaufel für Schaufel, eigenhändig hergeschafft. Aber wenn Sie wollen, schenke ich Ihnen gerne was davon – für Ihren Garten!«

In diesem Augenblick wird mir klar, daß es Norbert schon seit langem geschmerzt haben muß, daß bei uns ein gutes

Stück Land, schnöder Rasen, einfach brach herumliegt und keine Frucht bringen darf. Und während mir Norbert nun fünf große Plastiktüten sorgfältig mit seinem persönlichen Mist füllt, ringt er mir das Versprechen ab, doch wenigstens ein kleines Frühlingsblumenbeet anzulegen. Er würde mir auch mit Rat und Tat zur Seite stehen. Dankbar schleppe ich Norberts Weihnachtsgeschenk nach Hause. Mein Mann hat sich sehr gefreut.

Norberts Mangold-Klopse
Bourbouillade

Mangoldblätter waschen. 20 Minuten in kochendem Wasser kochen. Abgießen. Durch eine Passiermaschine passieren, so daß ein Püree entsteht. Etwas eingeweichtes Brot dazugeben.
Mit Salz, Pfeffer, Petersilie, Knoblauch und einem Eßlöffel Olivenöl vermengen. Einen Eßlöffel Mehl hinzufügen und aus dem Teig Klopse formen.
Mischen Sie drei Eier mit Milch und füllen Sie die Mischung in eine feuerfeste Form. Klopse auf die Milch-Eiermasse legen und im Backofen garen.

Das Übungsrestaurant

Daß wir Deutschen ein wenig kulturlos sind, zumal wenn es ums Essen geht, wußte ich schon, als wir noch in Deutschland lebten.

Jedesmal, wenn ich eines dieser Haute-cuisine-Rezepte, wie etwa »Krabbenzahnfleisch an Grünkernmousse« überflog, die einen schon beim Lesen mit ihrem Anspruch auf livestyle und kultivierte Lebensart bedrängen, zog ich den Kopf ein, schrumpfte gourmetmäßig um einige Zentimeter, habe mich dann aber auf meinem kulinarischen Schrumpfmaß doch ganz wohl gefühlt. »So bin ich eben: Bratkartoffel statt Quiche Lorraine!«

Dieses nicht hoch angesetzte, bislang aber stabile Selbstbewußtsein kam in L'Estréchure, das ja auch nicht gerade der Gourmetnabel der Welt ist, ins Wanken.

Solange nämlich nur ich selbst und meine Nächsten an meiner Kochkunst zweifeln, ist das kein Problem, sondern durchaus berechtigt.

Wenn aber andere für die gesamtdeutsche Kultur, die offensichtlich am Essen bemessen wird, nur ein abfälliges Lächeln übrig haben, dann tut das weh. Und in dieser Hinsicht sind die Cevenolen ebenso selbstgerecht und gnadenlos wie der Rest der Franzosen. Wenn ich bei Norbert Gemüse einkaufe, fragt er mich regelmäßig mit einem sadistischen Lächeln, wie ich denn normalerweise dieses oder jenes Kraut zubereite, um mir dann, wenn ich ins Stammeln gerate, mindestens drei seiner Lieblingsvarianten aufzulisten.

Dabei kocht Norbert nicht einmal selbst, das ist ausschließlich die Aufgabe seiner Frau, aber er ist allerbestens informiert. Denn schließlich muß man wissen, was man ißt, und sollte bei Tisch auch kompetent mitreden können!

Also von den *blettes* zum Beispiel, das ist Mangold, nimmt Norbert nur die weißen Stiele, die, in daumenbreite Stücke geschnitten, blanchiert und dann, in einer feuerfesten Form aufgeschichtet, mit einer Béchamel-Gruyère-Sauce im Ofen gegart werden.

Da ich mich bald von haushoch überlegenen Lehrmeistern und -meisterinnen geradezu umzingelt sah, begab ich mich vorsichtshalber in die Position einer demütigen Gourmetschülerin, die noch schrecklich viel zu lernen hat.

Nach einigen Diners in französischen Haushalten war mir auch bewußt geworden, daß es nicht damit getan sein würde, sich das kulturell wertvolle Kochen anzueignen, nein, auch das Essen mit *culture* wollte gelernt sein. So kam es sehr gelegen, daß uns Serge, der Postbeamte, von dem *Restaurant d'application* in Saint Jean du Gard erzählte: Das Übungsrestaurant der Berufsfachschule »Marie-Curie«, in dem die Schüler der ersten Klasse des *Bac Professionnel* die Gäste bewirten. Wo das gesamte Restaurantpersonal, von der Garderobenfrau über Barkeeper, Ober und Getränkekellner bis hin zum Koch, nicht älter als sechzehn ist und alles einzig und allein der Übung und Ausbildung dient, da würden auch wir mitsamt unserem barbarischen Unverstand nicht weiter auffallen und könnten unser kulinarisches Bewußtsein schulen.

»On mange très bien et pas cher!« hatte Serge gesagt. Sehr gut und preiswert. Aber nicht täglich. Nur zweimal in der Woche. Am Dienstagmittag gibt es ein Allerweltsmenü, die

Donnerstagabende aber stehen immer unter einem bestimmten Thema. Wer den Willen und die Ausdauer hat, kann sich hier Woche für Woche, Menü für Menü, allmählich durch die gesamte Geographie Frankreichs futtern:
Ende Oktober ist noch »Das Meer« und Anfang November »Die Jagd« dran, dann folgen »La Provence«, »Le Lyonnais«, »L'Alsace«, »La Normandie«, »L'Auvergne«, »Le Sud Ouest«, »Le Bordelais«, und bis April ist man, ungeachtet der Selbständigkeitsbestrebungen der Insel, auf Französisch-Korsika gelandet: »La Corse«.
Wir wollen unsere Ausbildung geruhsam angehen, und versuchen uns deshalb zunächst einmal an einem Dienstag-Mittagessen, vier Gänge für 65 Francs, mit Käseplatte fünf Francs mehr, und nehmen unsere Kinder mit, denn früh übt sich, was Eßkultur haben will.
Johanna hat uns in dieser Hinsicht allerdings schon überflügelt: Seit sie den Kindergarten im Nachbardorf besucht, in dem ihr täglich ein komplettes Mittagsmenü serviert wird, akzeptiert sie auch daheim keine Mahlzeit mehr ohne Entree und Dessert und informiert sich abends, schon während sie dem Schulbus entsteigt, über die zu Hause zu erwartende Speisenfolge.

»S'il vous plaît?« sagt eine samtige Stimme, und eine frisch manikürte Hand streckt sich nach meinem Mantel aus. Der Junge, der da im weißen Jäckchen den Garderobier mimt, nimmt seinen Job ernst. Er trägt das Haar straff nach hinten gekämmt, spricht mit Pariser Tonfall, hält den Kopf hoch erhoben und lächelt professionell. Fehlt nur noch, daß er die Hacken zusammenschlägt.
Auf mein joviales Grinsen läßt er sich nicht ein, sondern reicht mir die Garderobenmarke und senkt seinen Blick

diskret auf das Tellerchen, in dem schon einige Francs Trinkgeld liegen wie Eier in einem Vogelnest.

Mit gleichbleibend kühler Freundlichkeit nimmt er die Hüllen der ganzen Familie in Empfang und hängt sie so sorgfältig auf, als handele es sich um Nerzstolen im Pariser Ritz. Die Kinder haben bereits aufgehört herumzualbern, mein Mann und ich blicken uns betreten in die Augen.

Oben, am Treppenabsatz, kommt man an der Bar vorbei. *Pour commencer, le barman vous propose un apéritif,* steht auf einem Pappschild. Während »*le barman*«, der so klein ist, daß er kaum über den Tresen ragt, den Mixer schüttelt, stehen seine beiden Kollegen mit Pokermiene, die Hände auf dem Rücken, daneben und versuchen, sich im Schatten des Tresens gegenseitig in die Hintern zu kneifen.

Der Empfangschef hat das Gesicht eines Zwölfjährigen. Er winkt uns heran. Berufskleidung, aufrechter Gang und der Charme von Maurice Chevalier lassen ihn ein halbes Jahr älter wirken. Er bittet um unseren Namen und führt uns in der beflissen vorgebeugten Haltung, die sich sonst nur Männer nach zwanzigjähriger Berufserfahrung im Dienstleistungssektor angewöhnt haben, durch das voll besetzte Lokal zu unserem Tisch.

Wir blicken eingeschüchtert um uns, denn damit hatten wir nicht gerechnet: die *crème de la crème* der Feinschmecker des Departements Gard scheint sich hier versammelt zu haben. Zierliche alte Damen, denen die knappen Chanelkostüme und die Pumps in Schuhgröße 34, das modisch aufblondierte Kurzhaar, Puder und roter Lippenstift ein Flair von Weltstadt verleihen, kauen mit kritischer Miene und spitzen Mündern auf den *Œufs pochés Niçois* herum, während die Männer, sauber gekämmt und rotwangig, ihre Weingläser ins Gegenlicht halten und mit zusammengekniffenen Augen Konsistenz und Farbqualität überprüfen.

Mit unseren germanischen Körpermaßen, dem breiten flachen Schuhwerk, und mit unseren Kindern, die immer wieder von den Taftkissen, die man ihnen untergeschoben hat, abrutschen, haben wir das Gefühl, nicht ganz ins Bild zu passen.
Aber man betrachtet uns mit neugieriger Nachsicht und stellt nur diskret flüsternd Mutmaßungen über unsere Herkunft an.
Ein Jungkellner erscheint. Ob wir jetzt bereit seien, einen Aperitif zu nehmen?
Friedrich schiebt sich auf seinem Taftkissen so weit hoch, daß er über den Tischrand schauen kann, und sagt: »Pathtith!« Das bedeutet »Pastis!«
Er ist zwei, und sein Wortschatz ist noch relativ beschränkt, aber der junge Kellner nickt ernst und anerkennend, hat er hiermit doch erste Anzeichen von *culture* in unserer Familie entdeckt. Dann schaut er uns Eltern fragend an.
Wir halten Friedrichs Wunsch für etwas frühreif.
»Es gibt auch Pastis-Sirup«, erklärt der Junge, *»sans alcool!«*
Friedrich sagt *»Oui!«*, der Kellner sagt: *»C'est formidable*, er hat überhaupt keinen *accent«*, und notiert Friedrichs Bestellung. *»Et Mademoiselle?«* Johanna macht einen Augenaufschlag wie Simone Signoret und sagt, sie wünsche keinen Aperitif, aber zur Quiche Lorraine hätte sie gern eine Orangina. Ob das wohl möglich sei?
Der Kellner berät sie ausführlich. Er sei der Ansicht, man solle nichts Süßes zum Essen trinken, das beeinträchtige die Geschmacksnerven, und er schlage ihr einfaches Wasser vor. Möglichst ohne Kohlensäure. Einen speziellen Jahrgang empfiehlt er nicht.
Johanna nickt verständig lächelnd. Sie nähme die Orangina dann aber gerne zum Dessert, *s'il vous plaît.* Als das Entree aufgetragen wird, bricht sie eine kleine Konversation über

die Verteilung der Speckbröckchen im Käseteig vom Zaun. Die *Œufs pochés Niçois* findet sie eine Spur zu hart gekocht, und die bitterliche Rübenbeilage zur Ente hält sie nicht für kindergeeignet. Der Windbeutel in Form eines sahnegefüllten Schwanes aber ist ganz nach ihrem Geschmack, und sie bittet den Kellner, dem Küchenchef ihre Komplimente zu übermitteln.

Unterdessen hebt Friedrich immer wieder seinen Pastissirup ins Gegenlicht, kneift die Augen zusammen und prüft Konsistenz und Farbqualität.

Mein Mann und ich mümmeln uns schweigend durchs Menü. Wir bewundern unsere kultivierten Kinder, werden uns schmerzlich bewußt, daß sie das von uns wohl nicht haben können, seufzen und geben all unsere angestrengten Bemühungen resigniert auf: Wir werden es der nächsten Generation überlassen, so ganz *en passant* das französische *Savoir-vivre* zu erlernen.

Übungs-Ente mit Rüben
Canard aux navets

Zutaten

(für 6 Personen)
1 Ente von 1,5 kg
1 kg kleine weiße runde Rüben
2 Eßlöffel Zucker

In eine schöne Ente ein Stück Butter geben. Salzen, pfeffern, mit Butter einreiben. In einer ofenfesten Form bei 200 Grad 45 Minuten lang im Backofen braten.
In der Zwischenzeit die Rübchen schälen. In sehr heißer Butter schwenken. Mit dem Zucker bestreuen, leicht karmelisieren lassen. Etwas Wasser hinzufügen und 20 Minuten kochen.
Die Ente nach Beendigung der Bratzeit herausnehmen, in Stücke schneiden, auf eine Platte geben, die Rübchen drumherumlegen und servieren.

Der Bäcker von L'Estréchure

Jerôme, der blutjunge Bäcker von L'Estréchure, eröffnete mir ein paar Wochen nach unserer Ankunft in den Cevennen, daß all sein Fleiß und Eifer, sein Backen, Rennen und Dienen nur ein einziges Ziel kenne: »Quebec!« sagte Jerôme und verdrehte verzückt die Augen. »Kanada!! Ich denke an nichts anderes, bei Tag in der Bar und bei Nacht in der Backstube!«

Vielleicht war es das eingebackene Fernweh, das seine Hörnchen so schmackhaft machte? Croissants au Canada. Die Gemeinde schätzte Jerômes Brot, fürchtete aber seine Sehnsucht, da sie in den letzten vier Jahren bereits vier verschiedene Bäcker erlebt hatte, von denen keiner geblieben war.

La Commune hat deshalb das ganze Gebäude, in dem die Bäckerei und die kleine *épicerie* liegen, angekauft. Für den Erwerb des Backofens war eine konzertierte Aktion veranstaltet worden, in der jedes Gemeindemitglied Geld spendete. Auf diese Weise hatte die Dorfgemeinschaft von L'Estréchure dem zwanzigjährigen Jerôme, Sproß einer hiesigen Familie, vor anderthalb Jahren eine ausgestattete Werkstatt und einen Verkaufsraum zu ungewöhnlich günstigen Pachtbedingungen anbieten können.

Denn was wäre ein Dorf in den Cevennen ohne eigene Boulangerie?

Und dennoch: Der Ertrag blieb weiterhin minimal, die

Rentner, die das Dorf bevölkern, kauften so wenig wie immer, da sie daran gewöhnt sind, sich aus ihren Gärten selbst zu versorgen, die jüngeren Leute tätigten ihre Einkäufe lieber im Supermarkt von Saint Jean du Gard, und die Saison beschränkte sich strikt auf Juli und August.
Zwei Monate, in denen Giselle, Jerômes Frau, und Michelle, seine Mutter, sich in der Bar die Nächte um die Ohren schlugen, um den wenigen Flipper spielenden Touristen ein paar große Biere, Pfefferminzsirup und Eis am Stiel zu verkaufen, während die Einheimischen beim Boulespiel bis weit nach Mitternacht mit einem einzigen Pastis oder einem winzigen Glas Rotwein auskamen.
Das sei nun schon der zweite schlechte Sommer, erklärt mir Jerôme Mitte August, die Rezession sei überall zu spüren: Die Rentner fürchteten, daß ihnen die Gelder gekürzt würden, die Touristen blieben meist nicht mehr drei, sondern nur noch zwei Wochen am Ort, gingen abends weniger aus und konsumierten kaum etwas. Jerôme hat die Einkünfte aus dem Saisongeschäft überschlagen: Sie reichen nicht einmal aus, um die bereits im Winter angelaufenen Pachtschulden für die Bar abzudecken, so daß er Gelder aus der Bäckerei zuschießen muß.
Noch vor Saisonende packt Jerôme kurzentschlossen die Koffer. Er wandere nicht gleich nach Kanada aus, sagt er, er gehe erst einmal nur nach Monaco. Dort wolle er sich in einer Großbäckerei verdingen. Er müsse einfach Geld ranschaffen, sagt er, seine Bäckerei in L'Estréchure werfe nicht genug ab, und Auswandern sei auch heute noch teuer. Seine Frau Giselle soll erst einmal dableiben.

Wehmütig gehe ich in die Bäckerei und kaufe ein letztes Mal eines von Jerômes nach traditionellem Rezept gebackenen Kastanienbroten. Sie sehen aus wie große Igel. Kugelig und

braun, mit kleinen Spitzen, die aus dem Teig hervorstehen. Ihre Form soll wohl an die stacheligen Maronischalen erinnern.
Im Innern dunkel süßes Mehl, dessen eigentümlicher Geschmack sich zusammen mit Butter und dem Honig von Serge zu einer Köstlichkeit rundet, auf die sich vor allem unsere Kinder stürzen.
In den Cevennen, wo das Korn rar war, wurde die Kastanie früher nur *arbre à pain,* »Brotbaum« genannt, weil Maroni – als Brei, als Fladen, als Brot und als Gemüse – das Hauptnahrungsmittel der Region darstellten.
Heute sind es nur wenige Bäcker, die noch, oder, im Zuge der staatlichen Förderung regionaler Traditionen, wieder Kastanienbrot in ihrem Sortiment führen.

Am nächsten Morgen ist Jerôme weg. In Monaco. Giselle bleibt zurück, hohläugig vor Sehnsucht. Sie telefonieren dreimal täglich.
Zunächst liefert eine Großbäckerei aus der näheren Umgebung jeden Morgen einen Haufen Baguettes nach L'Estréchure. Der von den Einwohnern gestiftete Backofen bleibt kalt, aus der ortsansässigen Boulangerie ist, welch eine Demütigung für die ganze Kommune, ein *depot de pain* geworden.
Dann findet sich ein Aushilfsbäcker, der aber zu trockene Croissants backt und dem auch die *flûtes* und das Kastanienbrot nicht so gelingen wollen, wie man es in L'Estréchure zu essen gewohnt ist.
Das Dorf murrt und verlegt sich auf Tiefkühlbaguettes, woraufhin der Aushilfsbäcker den Cevennen wieder den Rücken kehrt und in die Provence zieht, sein Glück zu suchen.
Jerôme kommt viel seltener als geplant zu Besuch nach

Hause. Daß die Schichtarbeit in Monaco auch seine Wochenenden fressen würde – damit hat er nicht gerechnet. Giselle magert zusehends ab, schleicht todunglücklich durch die *épicerie*, sitzt abends lustlos und fröstelnd auf der Terrasse der Bar, und wenn ich sie nach Jerôme frage, kommen ihr sofort die Tränen, so daß ich es bald vermeide, mich nach ihm zu erkundigen.

Als Jerôme doch einmal in L'Estréchure auftaucht, sieht er noch bleicher aus als zuvor. Er kriegt den Mund nicht auf und vermeidet es ängstlich, nicht in ein Gespräch verwickelt zu werden.

»*C'est le mal du pays!*« erklärt mir Giselle. »Das ist das Heimweh. Er ist krank davon!«

Und Ende September, da kehrt Jerôme ganz plötzlich, ohne jede Vorankündigung, nach L'Estréchure zurück.

Er hat es nicht ausgehalten in der Fremde.

Zu dem Heimweh nach seiner Familie, nach seiner Frau, seinem Hund, seinem Dorf und seinem Fluß, ist ja auch noch die Demütigung hinzugekommen, daß er, der von Anfang an sein eigener Herr gewesen war, in Monaco für einen fremden Patron hat arbeiten müssen.

Jerôme blüht in kürzester Frist auf. Giselle strahlt: Sie wollen dableiben! Für immer! In den Cevennen, in L'Estréchure! Sie wollen es einfach schaffen.

Jerôme und Giselle wünschen sich so schnell wie möglich ein Baby, L'Estréchure taucht morgens wieder Jerômes wunderbare Croissants in den Kaffee; das ganze Dorf atmet auf.

»Quebec?« sagt Jerôme. »Kanada? Vielleicht später. *Resistez!*« sagt er. »Durchhalten! *Nous resistons!*«

Bald ist es Giselle, die immer blasser wird, aber sie ist glücklich: schwanger!

Wir sind doch jung und stark, sagt Giselle, *resistez!* Es wird schon werden. Irgendwie.

Man spart, wo es noch geht. Jerôme ordnet die *épicerie* neu; er versucht, im Dorf eine Regelung einzuführen, nach der jedermann sein Brot vorbestellen muß, um zu vermeiden, daß er Überflüssiges produziert.
Er veranstaltet Boule-Wettkämpfe, um in der Nachsaison noch Klienten in die Bar zu ziehen.
Giselle hilft, wo sie kann, Michelle geht in den Supermarkt und bedient in der *Charcuterie*-Abteilung, um dazuzuverdienen. Wenn wir Wurst einkaufen wollen, dreht sie sich beschämt zur Seite.
Sie ziehen aus ihrer Wohnung aus und mieten zwei billige Zimmer.
Das in Monaco verdiente Geld ist schon wieder weg: von alten Schulden geschluckt. Mit der Pacht für die Bar sind sie noch immer um Monate im Rückstand. Die Saison ist unwiderruflich zu Ende, da nützen auch die Boule-Wettkämpfe nichts mehr, und der Besitzer der Bar macht Druck.
Giselle hilft einem Kunden, eine gefüllte Propangasflasche aufs Auto zu hieven. Am Abend desselben Tages verliert sie ihr Baby.
Das junge Paar schafft es nicht mehr.
Jerôme und Giselle ziehen endgültig weg. In die Nähe von Nîmes. Irgend jemand hat Jerôme einen Arbeitsplatz in der Brotfabrik vermittelt. Giselle sucht sich eine Putzstelle. Ein Baby soll erst kommen, wenn die Schulden bezahlt und ihr Auskommen gesichert ist.
Am besten erst in Kanada, dann, wenn endlich alles, alles gut sein wird.
Jerôme kehrt nicht mehr in die Cevennen zurück. Der fünfte Bäcker in fünf Jahren zieht nach L'Estréchure und übernimmt die Bäckerei.

Kastanienbrot
Pain de Châtaigne

Zutaten

Je ein Drittel Kastanienmehl,
weißes Weizenmehl und
dunkles Weizenmehl
12 g Salz
25 g Hefe
650 ml lauwarmes Wasser pro Kilo

Alle Zutaten gut verkneten, dann an einem warmen Ort 30 Minuten ruhen lassen. Einen runden Laib formen, mit einer Schere Spitzen in die Oberfläche einschneiden. 1 Stunde bei niedriger Temperatur im Backofen backen. Das fertige Brot ist dunkelbraun und ähnelt mit seinen kleinen festen Spitzen einer Eßkastanie.

Le Charme Français

I. Teil

Einen Friseurtermin will ich vereinbaren.
»Est-ce que vous voulez prendre rendez-vous avec Gilles?«
So ist das in Frankreich: Dauernd hat man Rendezvous. Auch mit dem Friseur bzw. Coiffeur. Ich also mit Gilles. Ich fahre nach Alès en Cévennes, nachdem ich mir einmal die Haare nebenan in Saint Jean du Gard habe schneiden lassen und nach Beendigung der Prozedur die Wölbung meines Hinterkopfes direkt über dem Nacken wiederfand. Obwohl sich auch Saint Jean mit seinen 2000 Einwohnern schon *ville* nennt, hat in dieser Region nur Alès den Titel »Stadt« verdient. Der Gardon ist hier immerhin schon so weit angewachsen, daß man in Regenzeiten geneigt ist, ihn als Strom anzusprechen. Eine dreispurige Brücke mit städtischem Flair überwölbt sein Bett.
Alès hat zahllose Läden, mehrere Lyzeen mit erstaunlich charmanten Gymnasiasten, ein äußerlich wenig charmantes Finanzamt und Theater, ein mittelmäßiges Kino, das immer im Wechsel Isabelle Adjani als französische Königin und Sylvester Stallone als Rambo zeigt, hundert charmante Cafés mit Springbrunnen, unter der Woche täglich einen Gemüse-, Fisch- und Fleischmarkt und jeden Sonntagvormittag einen ganz besonders charmanten Floh- und Trödelmarkt. Es versteht sich also von selbst: für die wichtigsten Dinge des

Lebens fahren wir immer die vierzig Autominuten bis nach Alès. Heute also zum Friseur.
Ob er es merken wird? Ob auch Gilles, charmanter Franzose, versuchen wird, mich zu demütigen wie so viele seiner deutschen Kollegen vor ihm? Denn natürlich ist es mir wieder passiert. Ich habe es wieder einmal getan. Und jetzt sitze ich in ängstlicher Erwartung in diesem eleganten Salon und warte auf Gilles. Unser erstes Rendezvous.
Während ich mich prüfend im Spiegel betrachte, um zu sehhen, ob es wohl gleich zu merken ist, fallen mir die vor Entsetzen und Entrüstung geweiteten Augen all dieser deutschen Friseure wieder ein, während sie eine zugegeben etwas reichlich kurz geratene Haarsträhne über meiner Stirn zwischen Daumen und Zeigefinger zwirbelten, um dann im klassischen Ton gekränkter Handwerkerehre zu fragen: »Also, haben Sie sich da etwa selber dran versucht!?«
Jedesmal bin ich errötet, obwohl ich ja nie behauptet hatte, ich könnte besonders gut Ponys schneiden, aber wer traut sich schon zuzugeben, daß es schlichte Sparmaßnahmen sind, die einen wieder und wieder zur Schere greifen lassen? Wenn ich wegen ein paar rausgewachsener Ponyfransen zum Friseur gehe, dann macht der mir doch gleich einen kompletten neuen Haarschnitt – ist ja, wie man in Fachkreisen behauptet, nach vier bis sechs Wochen dringend nötig, und unter siebzig Mark komme ich da nicht wieder raus. Nie!
Mein Schuldgefühl gründet letztlich also in der Tatsache, daß ich durch den Einsatz meiner eigenen kleinen Schere dem Friseur ca. siebzig Deutschmark meines monatlichen Einkommens vorenthalte.
Über meinem Gesicht im Spiegel taucht Gilles auf. Unser erstes Rendezvous, wie gesagt. Gilles steht dicht hinter mir, er bückt sich, so daß sein Kinn fast meinen Oberkopf be-

rührt, um im Spiegel mein Gesicht und meine Kopfform zu prüfen. Er faßt von hinten in mein Haar. Er hebt die Haare seitlich über den Ohren an: Da sollte etwas mehr Volumen hin. Jetzt erreicht er den Oberkopf. Ich erstarre. Er greift nach den Strähnen über der Stirn, zieht sie mit Daumen und Zeigefinger in die Höhe, weit kommt er da nicht, das weiß ich wohl, seine Augen verengen sich, dann sind sie wieder rund, es zuckt um seine Mundwinkel, und er lacht ein breites, vernehmliches Lachen.

Er lacht mich aus! Er amüsiert sich! Das ist mir noch nie passiert! Seine Kollegen und Kolleginnen schauen zu mir rüber. Alles lächelt freundlich belustigt.

»Wie haben Sie das denn hingekriegt?« fragt Gilles.

»Wie immer«, sage ich, »mit der Nagelschere.«

»C'est génial!« sagt Gilles.

II. Teil

Anfang des Jahres telefonierte ich klopfenden Herzens mit dem Finanzamt, das hier sehr charmant »Hotel des Finances« heißt. *»Est-ce que vous voulez prendre rendez-vous avec Madame Martin?«*

So ist das in Frankreich. Dauernd hat man Rendezvous. Auch mit dem Finanzamt. Ich also mit Madame Martin, Sektor II, Buchstabe A – H. Da ich mich dem französischen Formular zur Einkommensteuererklärung nicht gewachsen fühle, brauche ich ihre Hilfe und bin entsprechend nervös. Man kann da so schrecklich viel falsch machen – jedenfalls in Deutschland.

Madame Martin ist eine fesche Beamtin mit kurzem braunen Haar, womöglich geht sie ja auch zu Gilles, ihr Kostüm ist grün, ihre Augen freundlich. Sie sitzt hinter einem Schreibtisch, der unter einem wüsten Gebirge von gegen-

einander verschobenen, ineinander verzahnten Akten versunken ist. Der Anblick erinnert an Caspar David Friedrichs »Gescheiterte Hoffnung«. Madame Martin kennt nur erfüllte Hoffnungen. Sie legt mein Formular einfach obenauf, gleicht die Unebenheiten der Unterlage durch rasches, blindes Umschichten aus und sucht erst mal ein Ratgeberheftchen. Das ist nicht so einfach.
»Möchten Sie inzwischen vielleicht einen kleinen Café, Madame?« fragt sie lächelnd. »Ich könnte einen vertragen.«
Mein ängstliches Herz beruhigt sich sofort.
Madame Martin verschwindet kurz und kehrt mit zwei kleinen Plastiktassen Automatenkaffee aus dem Korridor des »Hôtel des Finances« zurück. Kaum hat sie den ersten Schluck intus, fährt ihre Hand zielsicher zwischen zwei Aktenschollen und zieht das gesuchte Heftchen heraus. Freie Autorinnen und Journalisten dürfen demnach die gleichen Formulare benutzen wie Angestellte. Madame trägt mein Jahreseinkommen ein, Quittungen braucht sie keine, zehn Prozent werden bei meinem Beruf automatisch abgezogen, und dann noch mal zwanzig Prozent, ein paar kleine Unklarheiten bleiben unklar, und hier, bitte, noch meine Unterschrift, *merci,* das war's.
»Es ist zwar nicht richtig, was wir jetzt gemacht haben«, sagt Madame Martin, »aber es ist auch nicht falsch. Auf jeden Fall kommen Sie in Frankreich besser weg als in Deutschland.«
Davon bin ich überzeugt.

III. Teil

Frieder, anderthalb, hatte Fieber und faßte sich dauernd an die Ohren. Unsere Ärztin war gerade nicht da. Dafür ihr Kollege. *»Est-ce que vous voulez prendre rendez-vous avec moi?«*

Der Herr Doktor persönlich. So ist das in Frankreich. Frieder und ich haben ein Rendezvous mit *le docteur* Benoît.
Monsieur le docteur drückt seine Gauloise in dem überlaufenden Aschenbecher, der auf dem Empfangstisch seiner Assistentin steht, aus und bittet uns freundlich in sein Sprechzimmer. Nachdem ich erklärt habe, worum es geht, hebt er den Kleinen mit großen, braungebrannten Arzthänden, die trotz Nikotinfinger kühl und sauber aussehen, auf die Untersuchungsliege hoch.
Das Kind, das keinerlei Sinn für charmante Details hat, schreit gottsjämmerlich. Aber *Monsieur le docteur* blickt ihm tief in die Augen, streichelt sein Köpfchen und schiebt das goldene Kinderhaar zartfühlend hinters Ohr, um hineinzuschauen. Das Kind brüllt weiter. Nun spricht er es mit zärtlicher Stimme an und schaut dabei ab und zu auch mir ins Gesicht.
»N'aie pas peur, mon chéri!« sagt er. »Hab keine Angst, mein Liebling! *Allonge toi ici!*« haucht er. »Leg dich hier hin! *Viens mon chéri*«, seufzt er, *»viens, viens mon amour!«*
Während Frieder unbeeindruckt weiterschreit, habe ich weiche Knie und muß mich schwer zurückhalten, den Aufforderungen dieses Mannes nicht unverzüglich Folge zu leisten. Er schaut mich aus seinen weichen braunen Augen an und flüstert endlich, endlich seine Liebeserklärung: *»Otite.«* Mittelohrentzündung. Dann sagt er mir noch ein Liebesgedicht aus sieben verschiedenen Medikamentennamen auf, schreibt sie im Sprechtempo aufs Rezept, drückt mir warm die Hand, schaut mir noch einmal tief in die Augen und küßt dabei das Kind zum Abschied. »Gute Besserung, mein kleiner Liebling«, und draußen bin ich und muß einige Male tief durchatmen, bis der Schwindel im Kopf wieder vorbei ist.
O là là, le charme français!

Ein charmanter Aperitif
La Carthagène de Monsieur Remezy

Zutaten

4 l Traubensaft
(vorzugsweise aus der Traubensorte Jaquet)
1 l Weingeist mit 55 °
40 Würfelzuckerstückchen (maximal)

Die Zutaten vermischen. 40 Tage lang in einer offenen Glasflasche ziehen lassen.
Nach 40 Tagen durch einen feinen Filter gießen und in Flaschen füllen. Luftdicht verschließen. Kühl lagern.

Maurice Remezy aus Caderle bei Saint Jean du Gard wünscht Ihnen: *»A votre santé!«*

Picknick in der Wüste

Am Sonntag begrüßt mich unser Dorfpfarrer zu Beginn seines Gottesdienstes vor versammelter Gemeinde. Außer L'Estréchure hat er im Wechsel noch zwei Nachbargemeinden mit dem reformierten Gottesdienst, *culte* genannt, zu versorgen, so daß er nur jeden dritten Sonntag hierherkommt.

»Madame«, sagte er, »*nous sommes heureux,* Sie in unserer Mitte begrüßen zu dürfen. Jeder Neuankömmling ist uns willkommen!«

Das glaube ich ihm aufs Wort, denn die aktive Kirchengemeinde von L'Estréchure besteht, wie ich jetzt sehe, aus fünf alten Damen und drei alten Herren.

Nicht nur, daß man durch meine Anwesenheit einen Mengenzuwachs von circa elf Prozent verzeichnen kann, ich senke auch drastisch das Durchschnittsalter.

Der sonntägliche Gottesdienst findet nicht, wie ich vermutet hatte, im großen, frisch renovierten *temple reformé* statt. Man hat mich dort vor der Kirchentür wie eine verirrte Seele aufgelesen und in diesen winzigen, ja schäbigen Raum geführt, dessen Eingang an der Dorfstraße nur mit einem Schild, *Presbytère protestante,* gekennzeichnet ist.

Ein Tisch mit aufgeschlagener Bibel, zwei Stuhlreihen, acht alte Menschen, die Tapete blättert ab, Stockflecken in den Ecken.

Le pasteur trägt keinen Talar und gibt sich auch sonst sehr weltlich. Sein *culte* besteht schlicht im Verlesen des Bibelwortes und in einer begeisterten Predigt, der er mit ausgreifenden Gesten Nachdruck verleiht. Immer wieder weist er ausdrücklich darauf hin, daß er sich Fragen und sogar Diskussion wünscht.

Dazwischen Psalmgesang, den der Pastor so lautstark anführt, als wolle er die fehlende Gemeindeschar ersetzen, schließlich Vaterunser, Segen und Kollekte, die in einer Pappschachtel gesammelt wird.

Das Ganze ähnelt eher einer altertümlichen Bibelstunde im hugenottischen Familienkreis als einem offiziellen Gottesdienst.

Man verabschiedet sich rundum mit Handschlag, und der Herr Pfarrer erinnert jeden einzeln: »*N'oubliez pas*, am nächsten Sonntag hören wir Gottes Wort unter freiem Himmel! Sie sind auch eingeladen, Madame!« ruft er mir zu und kommt zum Plaudern herüber, während sich die restliche Gemeinde rasch zerstreut, um noch rechtzeitig vor Mittag die Baguettes einzukaufen.

»*Oui*, Madame, wir freuen uns wirklich sehr, Sie in unserer Mitte begrüßen zu dürfen«, nimmt er den Faden wieder auf. »Wie ich höre, wohnen Sie über der *boulangerie*? Der junge Bäcker will nicht bleiben, *n'est-ce pas*? Kanada, Quebec, ich weiß. Beh! Schade, schade. Das Ausharren hier ist schwer, Madame, so war das immer wieder. Das Auswandern hat bei uns Tradition. Aber das Hierbleiben und der Widerstand, *la résistance*, auch!«

Monsieur le pasteur verknüpft nun flugs Jerômes aktuelle Bäckerkrise mit der religiösen Geschichte der Cevennen. Mühelos überbrückt sein Elan die Jahrhunderte.

»Kennen Sie Jean Cavalier?« fragt er zwinkernd. »Einer der berühmtesten Söhne unserer Region. Ich mußte gerade an ihn denken, als ich über Jerôme sprach. Jean Cavalier war genauso jung wie Jerôme und Bäcker in Anduze. Der ist auch ausgewandert. In den schlimmsten Zeiten, die dieses Land je erlebt hat. Da ging es brutaler zu als heutzutage. Das war vor knapp dreihundert Jahren unter dem ›Sonnenkönig‹.« Der Herr Pfarrer schleudert seine Fäuste gen Himmel. »Pah! *›Roi de soleil!‹* Auf uns Protestanten fiel nur sein rabenschwarzer Schatten!«

Er ist so leidenschaftlich empört über die damalige Verfolgung seiner hugenottischen Vorfahren, als sei er persönlich dabeigewesen. Bedeutungsvoll neigt er mir sein Haupt zu.

»Was ich Ihnen erzählen will, Madame: Jean Cavalier floh nach Genf, um nicht von den königlichen Soldaten auf eine Galeere oder auf einen Scheiterhaufen verfrachtet zu werden. Aber, Madame, schauen Sie sich nur um!«

Le pasteur breitet beide Arme aus wie zum Segen, erhebt sein Kinn und beschreibt mit ihm einen Bogen, der die Cevennen *en bloc* zu umfassen scheint. Seine Augen nehmen einen schwärmerischen Ausdruck an.

»Diese Gegend hier«, flüstert er, »die verläßt man nicht leichtfertig! Dieses Land, diese Berge, diese Täler und Höhen! Der junge Bäcker wurde im fernen Genf krank vor Heimweh. Und er ist bald, kämpferischer als je zuvor, in seine Cevennen zurückgekehrt! Ich schätze, unserem Jerôme wird es nicht anders ergehen.«

An dieser Stelle reißt die Darbietung unseres Pastors abrupt ab, da ihm einfällt, daß es am Sonntagvormittag weiß Gott noch Wichtigeres auf der Welt gibt.

»*Mon dieu!* Jetzt müssen Sie sich aber beeilen, Madame«, sagt er hastig, »damit Sie vor Mittag noch eine Baguette bekommen! *Au revoir*, am kommenden Sonntag beim Gottesdienst in Mialet! Und vergessen Sie bloß nicht, sich ein Picknick mitzubringen!«

Am ersten Sonntag im September, die Ferientouristen sind wie vom Erdboden verschluckt, folgen wir der Einladung unseres Pastors und dem Plakat, das an unserem Kirchenportal angeschlagen ist: *Assemblée du Desert* – »Wüstenversammlung«.

Mialet, ein kleiner verlassener Weiler, ist der Geburtsort von Roland, einem jungen Mann, mit dem sich Cavalier 1702 verbündete, um die *Camisards*, die hugenottischen Widerstandskämpfer der Cevennen, gegen die Truppen des Königs zu führen.
Hier wird, wie jedes Jahr, ein Gottesdienst im Freien veranstaltet. Er soll an die Zeit erinnern, in der Ludwig XIV. den Protestanten die Ausübung ihrer Religion verboten hatte. Die Gotteshäuser waren abgebrannt und ihre Geistlichen in die Verbannung geschickt, so daß sie gezwungen waren, den protestantischen *culte* an immer neuen Verstecken heimlich in der freien Natur zu feiern. Wie das Volk Israel in der Bibel, fühlten sich die protestantischen Cevenolen »in der Wüste«, im Exil, wartend auf einen wie Moses, der sie befreien und ins Gelobte Land führen würde. Zwei Jahre lang, während der blutigen Cevennenkriege, glaubten sie, der charismatische Bäckersbursche aus Anduze könnte so einer sein.

Es sind Tausende, die sich heute in dem schattigen Hain beim Museum versammelt haben. Auf den grünen, von Büschen und Bäumen beschatteten Bodenwellen, die sich wie die Stufen eines antiken Amphitheaters um das zentrale Wiesenstück, das als Altarraum dient, erheben, haben sie es sich bequem gemacht.
Für Franzosen kein Problem, da sie grundsätzlich über eine Garnitur Campingstühle und Wolldecken im Auto verfügen, für den Fall, daß sich irgendwo eine unerwartete Gele-

genheit zum Picknick bietet. Zwar sagt der Volksmund *ventre affamé n'a pas d'oreilles,* »einem hungrigen Magen ist nicht gut predigen«, doch Ausnahmen bestätigen die Regel, Entbehrung gehört zum System, und die strengen Sitten der Calvinisten bleiben hier und heute gewahrt: erst das Gebet, dann die Baguette.

Die Versammlung der Gläubigen ist ernst und gefaßt, obwohl es bei näherem Hinsehen doch so aussieht, als hockten all die Weinkanister, die diskret zusammengeklappten Plastiktische und auch diese riesigen Kühlhalteboxen mit Henkel, in denen mehrgängige Menüs für vielköpfige Familien ihrem Verzehr entgegenharren, bereits sprungbereit in den Startlöchern.

Außerhalb des heiligen Haines gleicht die Umgebung einem Meer aus Blech. Autos und Reisebusse. Darunter auch deutsche und sogar englische Nummernschilder. Nachfahren ausgewanderter Hugenotten, die herkommen, um das Land ihrer Vorväter zu besuchen.

Das müssen die mit den Strohhüten sein, die auf der nackten Erde oder auf schweren Holzstühlen sitzen und kein Picknick dabei haben.

Nicht wenige von ihnen werden in dieser wildromantischen Gegend, die auch heute noch eine geheimnisvoll inspirierende poetische Kraft ausstrahlt, von einem unerklärlichen Heimweh befallen.

Es verwundert nicht, daß sich der gestrenge Calvinismus, aus Genf importiert, in den Cevennen bald mit einem eigentümlichen Schwarmgeist angereichert hatte, der um 1700 die sogenannten »Propheten der Cevennen« hervorbrachte. Protestanten aus der Region, die göttliche Eingebungen, *inspirations,* bekamen. Sie sahen Gefahren und den Tod nahestehender Menschen voraus und empfingen Weisungen des Himmels. Die Quellen berichten sogar von Babys,

die, kaum geboren, losschwatzten und den Kamisarden Instruktionen gaben, die direkt von Gott zu kommen schienen.
Diese Widerstandskämpfer, die ersten Guerillas der Geschichte, waren von ihrer religiösen Begeisterung in solchem Maße durchdrungen und aufgewühlt, daß sie in ihren Verstecken abwarteten, bis sie einen göttlichen Hinweis empfingen. Erst dann zogen sie, zum Erbarmen miserabel ausgerüstet, aber Psalmen singend, gegen die übermächtigen Truppen des königlichen Heeres ins Feld.
Ein Zeitzeuge schrieb: »Die Inspirationen sind unsere Gesetze und Führer gewesen. Die Inspirationen haben unsere Prediger angefeuert und ihnen reichlich Worte in den Mund gelegt, welche unsere Seelen in kräftiger Weise gespeist haben. Unser schwerstes Kreuz war uns nur eine leichte Last durch diese intime Gemeinschaft, die wir mit Gott haben durften. Sie waren die Sicherheit und unser Glück.«

Zwischen den parkenden Autos, entlang der Zufahrtsstraße, haben Händler ihre Verkaufstische aufgebaut: Olivenseife, Knoblauch und Trauben.
Vor dem Museum werden protestantisches Schrifttum und regionales Kunsthandwerk feilgeboten. Hölzernes Kinderspielzeug, dickwandige Keramik, Seidenschals, Hugenottenkreuze in Holz, Hugenottenkreuze in Messing und Hugenottenkreuze in Silber.
Rolands Geburtshaus ist zum *Musée du Désert* ausgebaut worden. Nachgebaute Folterwerkzeuge und Galeeren *en miniature,* zusammenklappbare Kanzeln, eine davon als Kornfaß getarnt, Abendmahlskelche und Kerzenleuchter mit abschraubbaren Stielen, Mauerlöcher, in denen die Bibeln versteckt wurden, ganze Wände tapeziert mit Straf-

edikten des Königs, erzählen von den Schwierigkeiten und Qualen der Verfolgten, zugleich aber auch von ihrer enormen Widerstandskraft.
Hier entdecke ich auch den Abguß eines kleinen Mauerstückes mit der anrührend krakeligen Inschrift *Resistez.* Marie Durand, eine junge Hugenottin, hat dieses Wort »Widerstehet, haltet durch« in die Mauer ihres Gefängnisturmes geritzt, in den sie als Fünfzehnjährige geworfen wurde. Achtunddreißig Jahre lang blieb sie eingesperrt, da sie nicht bereit war, ihrem Glauben abzuschwören.

Im Schatten des Museums signiert ein Mann in strenger dunkler Kleidung und mit einem bedeutungsvollen Gesichtsausdruck unter der schwarzen Baskenmütze die Bücher, die er vor sich aufgestapelt hat. Zwischendurch macht er sich, von einer Inspiration durchzuckt, mit einer steilen Falte über der Nasenwurzel, Notizen für künftige Werke.
Auf der Schautafel, die er hinter sich aufgestellt hat, ist sein Konterfei zu sehen, umgeben von zahlreichen vergilbten Zeitungsausschnitten, in denen seine historischen Schriften überschwenglich gerühmt werden. Und für die, die es immer noch nicht verstanden haben, hat er ein Schild vor sich aufgestellt: *Auteur fameux, signe ses propres livres.*
Am Rand des Haines werden, so diskret, wie das bei derlei Geschäften nur möglich ist, riesige Grillroste aufgestellt, Preisschildchen gemalt, Pappbecher aufgetürmt, Baguettes geschmiert, Würstchen und Steaks *hachés* gestapelt.
Erste Rauchschwaden steigen aus der knisternden Holzkohle auf, während sich die Luft mit einem endlosen psalmodierenden Murmeln füllt: Über hundert Kinder und einige Erwachsene werden getauft, bevor der eigentliche Gottesdienst beginnt. Hundert französische Namen, hundertmal ich taufe dich im Namen des Vaters, des Sohnes und des

Heiligen Geistes, Amen, mit Babygeschrei durch die Lautsprecher.
Und ich muß daran denken, daß die protestantischen Pfarrer noch vor zweihundertfünfzig Jahren für eine einzige Kindstaufe auf den Scheiterhaufen kamen.
Jetzt stimmt die große, friedliche Menschenmenge die Cevenolenhymne an, der Chorgesang steigt durch das schimmernde Blätterdach zum Himmel auf, und da gibt es keinen, dessen Herz sich nicht mit erheben würde. Als sich unsere Kinder aber von der schwärmerischen Musik zu einem Tänzchen inspiriert fühlen, ernten wir strenge calvinistische Blicke und ziehen uns erschrocken zurück.
Da kommt mir plötzlich das freche und unbekümmert lautstarke Raus und Rein in den Barockkirchen Roms in den Sinn.

Stadt, Land, Fluß in L'Estréchure

Immer wieder ertappte ich meinen Mann dabei, wie er am Küchenfenster stand und mit einem Blick voll träumerischer Schwermut über den Fluß hinüberschaute. Ich wußte nur zu gut, was er da sah, denn ich fand mich, sobald ich nur eine ruhige Minute hatte, in derselben Position und wahrscheinlich mit demselben, etwas verblödeten Ausdruck wieder. Oftmals standen wir sogar beide, Schulter an Schulter gelehnt, am Fenster und seufzten: Wir hatten uns hoffnungslos in das Haus am Hang gegenüber, auf der anderen Seite des Gardon, verguckt. Eine bäuerliche, klassisch-cevenolische Schönheit. Sie zeigte uns ihre breite, quergelagerte Frontseite, mit einem fast flachen Dach, unter dem vier niedrige Speicherfenster klebten. Darunter die schmalen und hohen Fenster des Hauptgeschosses, das nur von einer erhöht liegenden Terrasse aus zugänglich war, und zu ebener Erde die schwarze Höhlung einer überwölbten Toröffnung, die unter dem Hauptgeschoß hindurch in den Innenhof führte. Das Haus, von außen ein massiver Block, bestand in Wahrheit aus drei schmalbrüstigen Gebäudeteilen, die in U-Form um einen Hof herum lagen.

Unser Traumhaus. Einzeln und etwas erhöht gelegen, mit dem besten Blick auf L'Estréchure. Es schien unbewohnt, die Läden geschlossen, Innenhof und Anbauten, das hatten wir bereits erforscht, noch nicht renoviert.

Wir suchten daher sein Foto in den Schaufenstern der Immobilienmakler von Saint Jean du Gard, vor denen man den Eindruck gewinnen konnte, die gesamten Cevennen stünden zum Verkauf, aber diese ehemalige *ferme,* auf die wir ein Auge geworfen hatten, war nirgendwo angeboten.
Eines Abends im September fanden wir die Läden »unseres« Hauses geöffnet. Alle Fenster waren festlich erleuchtet, so daß das sonst düstere Gebäude aussah wie das Märchenschloß bei Aschenputtels Hochzeitsball. Nur die Schattenrisse sich im Tanz wiegender Paare fehlten. Ein geheimnisvoller dunkler Wagen mit geschlossener Ladefläche stand auf dem Zufahrtsweg.
Früh am nächsten Morgen benutzte mein Mann die Ausrede, der Hund müßte dringend spazierengeführt werden, für einen ersten Erkundungsgang. Aufgeregt kehrte er vom jenseitigen Flußufer zurück. Er hatte Vorhänge in blauweißem Rankendekor und einen wundervoll komponierten Blumenstrauß auf dem Fensterbrett sowie einige alte Stiche mit Jagdmotiven an den Wänden entdeckt. Die *ferme* war also bewohnt, keinesfalls aber von einem Bauern.
Am späteren Vormittag brach dann ich zu meiner alltäglichen Promenade auf, mit Johanna und mit Friedrich, der noch im Kinderwagen saß und meistens auf halber Strecke einschlief. Wie von einem Magneten angezogen, fand ich mich bald über der *ferme,* auf der Straße von Boisserolle, wieder.
Da sah ich ihn zum erstenmal. Das heißt, ich sah von oben zunächst nur einen wohlgeformten, fast kahlen Schädel, der bei der Gartenarbeit in der Sonne auf und nieder wippte. Ich wagte ein kühnes *»bonjour«,* er schaute einen Moment zu mir hoch und erwiderte den Gruß knapp, einen fremden, fragenden Unterton in der Stimme.
Um nach L'Estréchure zurückzugelangen, mußte ich

zwangsläufig dicht an der Flanke seines Hauses vorbei, so daß nun auch ich wenigstens einen Blick auf die Vorhänge werfen konnte. Dann holperte ich die steile Betontreppe mit ihren unregelmäßig hohen Stufen, auf denen der schlafende Friedrich fast aus dem Kinderwagen kippte, hinunter bis zum Gardon, wo ich, Johanna am Rocksaum, über den schmalen Betonsteg balancierte, unter mir der träge, von der Trockenheit des Sommers ausgezehrte Fluß, um von hinten in unseren Garten zurückzugelangen.

Gegen Mittag sah mein Mann den Herrn von gegenüber den Fluß überqueren, und kurze Zeit später, ich hatte inzwischen auch am Küchenfenster Posten bezogen, konnten wir beobachten, wie er mit einer Baguette in der Hand wieder zu seinem Herrensitz hinaufstieg. Er trug eine randlose Brille und war städtisch, mit fast englischem Chic gekleidet, sein Gang schlendernd, von so lässiger Eleganz, als wäre er an breite Avenuen gewöhnt und hätte noch nie im Leben geschäftige Eile nötig gehabt. So etwas hatten wir hier noch nie gesehen.

Als es dunkelte, lag nun dort, wo unsere Augen bisher nur in samtige Schwärze eingetaucht waren, unser Traumhaus als ein schmucker Adventskalender mit geöffneten Fenstern, der verheißungsvoll zu uns herüberleuchtete. Erst weit nach Mitternacht, L'Estréchure lag längst im Tiefschlaf, als wir zu Bett gingen, erloschen in stiller Komplizenschaft auch auf der anderen Seite des Flusses die Lichter.

Mein Mann, als Regisseur im Inszenieren bühnenwirksamer Auftritte geübt, schlang nun Morgen für Morgen sein Stirnband besonders malerisch um seine Locken und absolvierte die Hunderunde regelmäßig am Haus unseres städtischen Nachbarn vorbei. Seinen Kopf hielt er zwar scheinbar diskret geradeaus gerichtet, wußte mir aber zum Frühstück stets die neuesten Details über das Haus und seinen Besitzer zu berichten: Der Blumenschmuck wechselte fast täglich, und der Hausherr trank gegen acht Uhr hinterm Terrassenfenster kannenweise Tee. Er fuhr einen Volvo-Kombi, der mit riesigen antiken Tonvasen beladen war.

Es handelte sich also eindeutig um einen ausgefuchsten Ästheten. Haus und Garten und auch er selbst waren seine Schmuck- und Ausstellungsstücke. Wahrscheinlich war er Innenarchitekt und bereitete seinen Alterssitz auf dem Lande vor, oder aber er renovierte alles, um es dann von *Marie Claire – Maison* abfotografieren zu lassen und danach überteuert zu verkaufen. An Hauskauf war also nicht mehr zu denken, aber daran war uns auch schon nicht mehr gelegen.

Als wir abends am Küchenfenster standen – vor dem Salonfenster verdeckte die Linde die Aussicht – hatten wir den Eindruck, in den erleuchteten Fenstern am anderen Ufer stünde ein Schatten in eleganter Pose und guckte zurück.

Mein Mann war Monsieur schon einigemal auf der Straße begegnet. Außer *»bonjour!«,* das beide perfekt beherrschten, war noch kein Wort zwischen ihnen gefallen. Aber: »Ein außergewöhnlich gut aussehender Mann!« berichtete er mir. »Und er hat so ein attraktives Glühen in den Augen.«

Ich erklärte die Runde über Boisserolle zu meiner Routinetour. Schließlich trafen wir uns. Ein leiser Regen, der erste nach einem langen, trockenen Sommer, hatte eingesetzt. Monsieur war mit dem Portemonnaie in der Hand aufgebrochen, um seine Baguette in der Boulangerie von L'Estréchure zu erstehen, und holte mich ein, während ich den Kinderwagen samt Friedrich die glitschige Steiltreppe hinunterhievte. Er packte mit an und hob den Wagen so sacht über die Stufen, daß das Kind zum erstenmal nicht aufwachte. Ob ich immer hier leben würde, fragte er mich, woher ich käme und was ich täte.

Ich verstand seine Fragen nur mit größer Mühe, denn er sprach schnell und mit französischen Nasallauten. An beides war ich nicht gewöhnt. In den Cevennen spricht man langsam und wiederholt sich gern. Das hat für das Leben im Dorf den großen Vorzug, daß sich ein Dialog, wie etwa

»Ça va?«

»Oui, ça va!«

»Et les enfants?«

»Oui oui, ils vont bien!«

»Et vous?«

»Oui oui, ça va!«

bis auf fünf Minuten ausdehnen läßt. In L'Estréchure kommt man deshalb mit einem geringen Wortschatz und einem minimalen Themenfundus aus: Mit Erkundigungen über das gegenseitige Wohlergehen, das Wohlergehen der jeweiligen Ehepartner und Kinder sowie wahlweise das Wohlergehen der Hunde / Hühner / Tomaten, und mit dem Austausch über die aktuelle Wetterlage kann man bald schon eine fünfzehnminütige Konversation führen. Zählt man noch das Händeschütteln und dreimalige Wangenküssen bei jeder Begrüßung und bei jedem Abschied sowie die Abschiedsformeln mit den zahlreichen aufgetragenen Grüßen an die Abwesenden dazu, dann hat man ohne weiteres eine halbe Stunde cevenolischer Lebenszeit in nettem menschlichen Miteinander herumgebracht.

Und was die Nasallaute betrifft, die man den deutschen Schülern in hochgerüsteten Sprachlabors nahezubringen versucht, so kommt man in den Cevennen ganz prima ohne sie aus, was sowohl das Verstehen als auch das Sprechen sehr erleichtert. Der cevenolische Patois hat nämlich mehr Ähnlichkeit mit Bayerisch als mit Französisch.

Ich war darum durch den ungewohnten Klang und die

sprachliche Gewandtheit meines Gegenübers völlig verwirrt. Als ich seine Fragen endlich begriffen hatte und ihm mühsam antwortete, verzog sich seine Miene, als litte er unter Zahnschmerzen. Er nahm seine Brille ab, wischte mit einem Seidentuch sorgfältig die Regentropfen weg und sah mir in die Augen. Was denn mein Mann täte, den er immer mit flatterndem Stirnband an seinem Haus vorbeigehen sähe?

Als ich ihm sagte, daß mein Mann, wenn er keinen Regieauftrag hätte, mir die Kinder abnähme, so daß ich schreiben könnte, fragte er nach, ob ihm dabei nicht langweilig würde. Ich war sprachlich leider nicht in der Lage zu kontern, was mich wurmte, andererseits aber sah ich das Leuchten in seinen bernsteinfarbenen Augen und konnte nicht umhin, diese etwas herrische Ausfragerei doch als echtes Interesse zu deuten.

Ob denn mein Mann Franzose wäre, fragte er.

Ich verneinte bekümmert und sagte wahrheitsgemäß, mein Mann spräche *»encore plus mal que moi«*. Dann versank ich fast vor Scham, als ich an dem zischenden Lachen, das Monsieur ausstieß, merkte, daß das wohl nicht nur cevenolische Mundart, sondern auch noch der größte grammatikalische Schnitzer aller Zeiten gewesen sein mußte.

Monsieur stand auf der Treppe eine Stufe über mir, und er kam mir vor wie der Präsident der Académie Française persönlich. Ich versuchte zurückzufragen, und er schien mich, wenn auch unter Schmerzen, zu verstehen.

Er lebte zwar nicht ganzjährig hier, erzählte er, aber doch so oft er könnte. Er handelte im Süden mit Keramik. Sein Name wäre Roussel.

Ich war verblüfft, in welch kurzer Zeit und mit welcher Leichtfertigkeit er Konversationsthemen verpulverte, die in L'Estréchure gut und gerne für drei lange Sommerabende

ausgereicht hätten. Unschwer ließ sich daran der Städter erkennen, konsumorientiert, gehetzt, unersättlich auf der Suche nach neuen Sujets und Reizen.
»Ist Ihnen nicht langweilig hier, so ohne kulturelle Anregungen?« fragte er mich. »Über was schreiben Sie denn?«
Ich erklärte ihm, daß ich mich in L'Estréchure ganz ausgezeichnet amüsierte, und daß ich über das alltägliche Leben im Dorf schriebe.
Er zog die Augenbrauen fast bis zum Haaransatz hoch.
»Was gibt es denn da zu schreiben?«
»Ich schreibe zum Beispiel über die Menschen«, sagte ich.
Er kräuselte die Lippen.
»Etwa über Norbert und seine Tomaten?«
»Exactement!«
Er schien zutiefst irritiert, und es war an seinem Gesicht abzulesen, wie es ihm Mühe bereitete, mich auf seiner kulturellen Meßlatte einzuordnen. Dabei hatte ich das unangenehme Gefühl, daß er mich schließlich ins untere Drittel plazierte.
Johanna war, während wir sprachen, verschwunden und tauchte plötzlich wieder aus den Uferwiesen auf. Schweigend und lächelnd streckte sie Monsieur Roussel einen kleinen nassen Blumenstrauß entgegen. Er nahm ihn und ließ wieder dieses zischende Lachen vernehmen, das dadurch entstand, daß er die Luft zwischen den Schneidezähnen einsog. Gleichzeitig aber verfärbte sich fast unmerklich seine Wangenhaut, so daß ich sein Lachen diesmal nicht als Ausdruck von Überlegenheit, sondern als Zeichen einer überspielten Schüchternheit nahm. Französische Eleganz und Sprachkultur beherrschte er perfekt, stummen Gesten deutscher Romantik aber schien er nicht gewachsen, sie trieben ihm das Blut in die Wangen. Er schaute auf seine Uhr. Ich auch. Unsere Unterhaltung hatte kaum sieben

Minuten gefüllt. Das war nicht weiter verwunderlich, da Monsieur fast alle seine Wortendungen in die Nase hinaufsaugte, was zahllose Sekunden einsparte, und weil er außerdem auch keine Freude an bäuerlichen, rondoartigen Themenwiederholungen fand!

Er behauptete, die Boulangerie würde gleich schließen, verabschiedete sich schnell und schritt vorsichtig und dennoch lässig über die schmale, regennasse *passerelle.*

Tropfen hüpften im Fluß. Mir schien, als wäre er bereits angestiegen und hätte an Tempo zugelegt. Während ich den Kinderwagen über den Steg schob, wurde mir angesichts des bewegten Wassers unter mir schwindlig.

Seit dieser Begegnung traf ich Monsieur jeden Tag, wenn mich meine Promenade an seinem Haus vorbeiführte, für sieben Minuten, die zu einer Art Französischlektion wurden, auf die ich mich am Vorabend mit dem Dictionnaire gründlich vorbereitete, da mich jedesmal eine themenreiche, kulturell anspruchsvolle und ausgesprochen nasale Konversation erwartete.

Der Regen, der bei unserem ersten Treffen eingesetzt hatte, hörte nicht mehr auf. Es war ein feiner, noch warmer Sprühregen, der nicht durch den Pullover drang, den Gardon aber doch anschwellen ließ. Wenn das so weiterging, würde er in absehbarer Zeit den Steg überschwemmen und meine Spaziergänge auf die andere Seite des Flusses unmöglich machen.

Beim nächsten Treffen machte ich Monsieur das Kompliment, er wäre ein ausgezeichneter Sprachlehrer. Daraufhin erklärte er mir, er hätte ja auch Übung im Unterrichten, da er nebenberuflich in einer nationalen Organisation arbeitete, in der er Analphabeten Französisch beibrächte.

Man könnte sich also darüber wundern, daß ich mich diesen

Lektionen und den damit verbundenen Demütigungen freiwillig unterzog. Aber es lag eben nur zum Teil an Monsieur Roussels städtisch geprägtem kulturellem Angebot und an meinem Ehrgeiz. Zum anderen lag es einfach an dem verführerischen Funkeln seiner Bernsteinaugen und an dieser Fähigkeit zum unvermittelten Erröten; beides stand in einem aufreizenden Kontrast zu seinem sonst so formvollendeten und distanzierten Auftreten.

Es ging deshalb auch sicherlich nicht nur auf mein Konto, sondern rührte von unserer – sagen wir einmal: interkulturellen – Spannung her, wenn ich mit einer Treffsicherheit, die mich im nachhinein beschämte, im Lexikon regelmäßig für harmlose deutsche Worte jene französischen Übersetzungen auswählte, die wenigstens einen erotischen Nebensinn hatten.

Für Menschen, die möglicherweise in die Lage geraten könnten, mit Franzosen/Französinnen in näheren Kontakt zu treten, will ich hier kurz auf die allergefährlichsten Klippen im aktuellen französischen Sprachgebrauch hinweisen:

Das, was man sich in den Cevennen dreimal zur Begrüßung auf die Wangen oder an den Wangen vorbei schmatzt und was wir im Deutschen undifferenziert als Kuß bezeichnen würden, nennt sich *bisou. Le baiser* sagt man nur zu einem richtigen Kuß unter Liebenden. *Baiser*, als Tätigkeit, bedeutet nun aber nicht etwa, wie es logisch wäre, »küssen«, sondern »miteinander schlafen«, und zwar vulgär ausgedrückt, etwa auf einer Sprachebene mit »bumsen«. »Küssen« muß man mit *embrasser* übersetzen, das seinerseits so klingt, als bedeute es »umarmen«.

Also: *Bisou* ist ein »Küßchen/Schmatzer«, »Der Kuß« heißt *le baiser, baiser* aber heißt »bumsen«, und »küssen« heißt *embrasser.*

Es läßt sich leicht ausmalen, in welche Gefilde eine harmlose Konversation, etwa über die verschiedenen Begrüßungsrituale in Deutschland und Frankreich, abdriften kann, wenn man diese Wortbedeutungen nicht ganz genau kennt.
Ich ließ jedenfalls kein Fettnäpfchen ungenutzt, bedauerte es, daß sich die Muse der Dichter viel zu selten zu mir herabließe, um mich zu *baiser*, und drückte Monsieur Roussel mein Erstaunen darüber aus, daß er es, im Unterschied zu allen anderen Franzosen, die ich kannte, bisher unterlassen hatte, mich zur Begrüßung und zum Abschied zu *baiser*.
Eines Abends bereitete ich mich darauf vor, Monsieur am nächsten Tag davon zu erzählen, daß ich es sehr genossen hätte, in aller Ruhe *DIE ZEIT* zu lesen. Ich wollte, da ich mich aufgrund meines sprachlichen Unvermögens ständig unterschätzt fühlte, ihm mit dem Hinweis auf meine Lektüre in diskreter Form Kunde von meinem kulturellen Niveau geben. Für das deutsche Wort »genießen« wählte ich dann aber im Lexikon die Übersetzung *jouir* aus, nicht ahnend, daß dieses Wort im modernen Französisch einzig und allein noch im Sinne von »zum sexuellen Höhepunkt gelangen« benutzt wird ...
Da all diese erotischen Fehlleistungen die einzigen Formulierungen waren, die Monsieur bei unseren *conversations* niemals korrigierte, sei es aus Diskretion, sei es, weil er der Ansicht war, ich pflegte eben einen barbarischen Sprachgebrauch und machte ihm tatsächlich ständig Avancen, erfuhr ich ihre wahre Bedeutung erst Monate später von anderen Menschen.
Nach etwa zwei Wochen begann mein Mann, uns um unsere täglichen Treffen zu beneiden, wobei er nie ganz klarstellte, auf wen von uns beiden er eigentlich eifersüchtig war. Jedenfalls schlug er bei einem Familienspaziergang vor, wie

zufällig mit Mann und Maus an Roussels Haus vorbeizudefilieren.
Kaum waren wir auf Höhe der Terrasse angekommen, da sprang uns Monsieur auch schon in den Weg. Er lud uns in sein Landhaus ein, schließlich regnete es, und stillte unsere Neugier, indem er eine kleine Schloßführung veranstaltete. Das Haus sah im Inneren aus wie ein Pariser Salon, der auf cevenolische Traditionen anspielte. Monsieur bereitete uns aus zwei Teebeuteln mit lauwarmem Wasser einen Tee, den er in Gläsern aus dem 18. Jahrhundert servierte, und bat uns, Platz zu nehmen. Wir saßen angespannt auf den geblümten Polstersesseln, wohl wissend, daß wir zu einer geistreichen Konversation auf Französisch noch immer wenig beizutragen wußten. Monsieur fing an, uns nach unserer genauen geographischen Herkunft, dann nach unserer Schul- und Universitätsbildung und schließlich noch nach unseren Geschwistern, Eltern und sogar Großeltern zu fragen, denn wer weiß, was hätte geschehen können, wenn die Konversation zum Erliegen gekommen wäre?
Er gab uns zu verstehen, daß er – Kultur hin, Kultur her – plante, den größten Teil seiner Zeit nun in Boisserolle zu verbringen. *»La nature!«* rief er aus. *»La solitude!«* Und er zeigte uns wie zum Beweis sein Büro im Dachgeschoß, das aus einem überfüllten Glastisch mit Computer, Telefon und Faxgerät bestand, von dem aus er seine Geschäfte betreiben wollte.
Tags darauf war es soweit: Ein Wolkenbruch, der den ganzen Vormittag über L'Estréchure niederging, machte den Gardon zu einem reißenden Wildwasserstrom. Er entwurzelte Uferbäume, riß sie mit sich fort und schleuderte sie mit Macht gegen den Betonsteg, wo sie sich verfingen, hängenblieben und nachgeschwemmtes Gestrüpp festhielten. Das Wasser staute sich, überflutete die Uferböschung, drang in

Norberts Garten, riß Mangold und Kürbisse hinweg, stieg hinauf in den Sandkasten unserer Kinder, bis es sich schließlich in einer mächtigen Woge über sein selbstgeschaffenes Hindernis hinüberwälzte und mit verdreifachter Macht und lautem Getöse Richtung Saint Jean weitertobte, alles mit sich reißend, was sich ihm in den Weg stellte.
Wir standen diesseits, Monsieur jenseits des Flusses. Das entfesselte Element zwischen uns.
Da die *passerelle* für einige Tage überflutet blieb, fand unsere Beziehung zu Monsieur schließlich in einem Fax ihren Höhepunkt, das er uns kurz vor seiner Abfahrt schickte. Wie im Deutschen blieb es unbestimmt, ob er uns in der Einzahl oder in der Mehrzahl ansprach:
»Zögern Sie nicht, die letzten Blumen in meinem Garten zu pflücken, Sie sind für Sie bestimmt. Ich kehre nicht vor Ende Oktober zurück. *Je vous embrasse.*«
Dann kam Allerheiligen. Eine Woche Ferien in ganz Frankreich. Es war kalt geworden, und der Gardon hatte längst wieder in sein gewohntes Bett zurückgefunden, als dem schwarzen Volvo-Kombi auf der anderen Seite des Flusses außer Monsieur Roussel auch noch seine Frau und drei halbwüchsige Kinder entstiegen. Er machte uns mit seiner reizenden Familie bekannt.
Seite an Seite jäteten alle Fünfe gleich am nächsten Morgen das Unkraut, das sich während Monsieurs einsamer Anwesenheit im feuchten Septemberwetter wie ein kleiner Dschungel auf dem gesamten Grundstück ausgebreitet hatte, und brachten Haus und Hof wieder in die schönste Ordnung.
Wir beobachteten Monsieur, wie er mehrfach mit einem gefüllten Wäschekorb im Arm hinter seiner Frau die Gartenterrassen hinaufstieg und ihr oben die Wäschestücke zum Aufhängen reichte.

Am Abend wurden die blauweiß berankten Vorhänge zugezogen, sobald es dunkel war. Kein Schatten stand im erleuchteten Fenster. Das Licht erlosch vor dreiundzwanzig Uhr.
Als ich zu einer kleinen *conversation* hinüberging, fiel mir auf, daß Monsieur in seiner Rede das Wort *»moi«* durchgängig durch *»nous«* ersetzt hatte.
Ich fragte ihn, wie weit denn seine Pläne, sich ganz in Boisserolle zu installieren, gediehen wären, aber er schaute mich nur verwundert an: Hatte er das gesagt? Das mußte ich wohl falsch verstanden haben. *Mais non!* L'Estréchure wäre ab und zu gut zum Entspannen und Abschalten, aber niemals könnte er über einen längeren Zeitraum hinweg auf die kulturellen Anregungen der Großstadt verzichten! Was wäre denn schon das Leben ohne *»Expo, cinéma et théatre!«?*
Wir luden Monsieur Roussel und seine Familie in unsere Wohnung ein. Sie überquerten gefahrlos den Betonsteg, denn der Gardon war fast so harmlos wie im Sommer, kamen durch unseren Garten, tranken Kaffee und aßen Apfelkuchen mit Sahne, ich legte eine Schallplatte mit Schumann, »Kinderszenen«, auf und erzählte irgendwelchen Unsinn über die deutsche Romantik.
Dann kam die Revanche. Tee bei Roussels. Wir überquerten den besänftigten Fluß in der Gegenrichtung und hatten drüben die Gelegenheit, Madames Charme, Monsieurs Whiskey, der uns entspannte, und Debussys »Après-midi d'un Faun« zu erleben. Beim nächsten Treffen holte mein Mann schon zusammen mit Monsieur das Holz für den Grill, französisch »Barbecue«, während ich mich mit Madame über die günstigsten Haartönungen ab vierzig unterhielt. Wir lachten sogar miteinander und winkten uns später über den Fluß hinweg aus unseren Fenstern zu. Unser Franzö-

sisch wurde täglich besser, Johanna und Friedrich turnten auf Monsieur herum, jagten Lola, die Rousselsche Hauskatze, und wir übten mit ihrer Tochter Caroline deutsche Vokabeln. Ihre großen Kinder paßten auf unsere kleinen Kinder auf, während wir dinierten, und als Roussels eine Woche später wieder abfuhren, denn sie kamen, wie sie glaubhaft versicherten, ausschließlich gemeinsam und in den Schulferien nach L'Estréchure, da baten sie uns, in ihrer Abwesenheit gut auf ihr Haus, diese ländliche Schönheit, achtzuhaben. Und das Mandarinenbäumchen sollten wir gießen, *»s'il vous plaît«*.

An Weihnachten kam eine vorgedruckte Grußkarte aus der Stadt. Wir beantworteten sie mit einer Postkarte aus L'Estréchure, auf der sich der Gardon artig durchs Land schlängelte.

Geröstete Eßkastanien à la cévenole
Chataigne grillée

Sie brauchen Eßkastanien, ein großes Handtuch (oder je nach Personenzahl mehrere kleine), das verfärbt werden darf, und einen trockenen roten Landwein.
Stilecht grillen Sie die Kastanien in einer gelochten Eisenpfanne offen auf dem Kaminfeuer oder auf dem Ofen. Sie können sie aber ebenso auf dem Backblech Ihres Elektroherdes rösten.
In L'Estréchure schneidet man die Kastanien zuvor auf eine spezielle Weise ein, damit sie später leicht zu schälen sind: Man hält die Kastanie mit der Spitze nach oben und macht einen einzigen kleinen Schnitt von oben nach unten in die Seite der Frucht, dort, wo die Rundung beginnt. Ein Stückchen Fruchtfleisch wird dabei mit angeschnitten. Rösten Sie die Kastanien, bis das Innere weich und gar ist (probieren!).
Tränken Sie das Küchenhandtuch gut mit dem Rotwein und legen Sie es in eine Schüssel, oder verteilen Sie die getränkten kleineren Tücher auf mehrere Teller.
Sind die Kastanien gar, schütten Sie sie glutheiß in die weingetränkten Tücher und schlagen sie ein. Es steigt ein betörend duftender Dampf auf, es knistert und knackt wonnig, die Aromen verbinden sich, und die Schale der Kastanien läßt sich leicht lösen.
Was Sie mit dem übriggebliebenen Rotwein machen, bleibt Ihnen überlassen.

Europa-Pipi

Francine stöbert in ihrer »Boutique« den Holzkasten durch, den sie für die Kinder reserviert hat. Erstaunlich, wie viele und wie viele gut gemachte, wunderbar illustrierte Zeitschriften es für kleine Franzosen gibt.

Voilà! Sie hat gefunden, was sie suchte.

»PICOTI, das erste Magazin *des bébés poussins,* der Allerkleinsten. Ab dem neunten Monat!«

Das sei ganz hervorragend, vor allem für unseren Friedrich, der ja außer *oui, non, bonjour, au revoir* und Pastis noch nicht viel sagen könne, eine geeignete Lektüre, meint Francine. Sie kann nicht wissen, und auch mir sollte erst später bewußt werden, daß vor allem ich von dieser Lektüre geistig profitierte.

Am Nachmittag sind Friedrich und ich in der Mitte des Heftes angelangt.

Ein kleiner Bär sitzt auf dem Topf, neben sich ein Spielzeugauto. »*Sur le pot, Jérémie joue avec son auto.* Auf dem Topf spielt Jeremie mit seinem Auto«, lese ich vor.

Jetzt muß ich nach links auf die gegenüberliegende Seite schauen. Denn da steht ein kleines bezopftes Mädchen in einer getupften Pumphose und mit einem dringenden Bedürfnis.

»*Vite, vite, Ninon a envie de faire pipi!* Schnell, schnell, Ninon muß Pipi!« lese ich.

Frieder greift juchzend nach Jeremies Töpfchen und klappt die Seitenhälfte, auf die es gemalt ist, um, über Ninons Höschen, so daß jetzt Ninon auf dem Topf sitzt, und ihr Pipi machen kann.
»*Sur le pot, Ninon joue avec son ballon.* Auf dem Topf spielt Ninon mit ihrem Ball«, steht darunter. Nach einer angemessenen Frist rufe ich: »*Vite, vite, Jérémie a envie de faire pipi!*«
Frieder juchzt wie gehabt, klappt die Seitenhälfte zurück, und schon sitzt wieder der Bär auf dem Topf und spielt mit seinem Auto.
Ich warte einen Augenblick.
»*Vite, vite, Ninon a envie de faire pipi!*« schreie ich dann mit Emphase.
Frieder juchzt, und so weiter und so fort, gleicher Ablauf, zwanzig- bis dreißigmal.
Die Geschichte ist einfach genial und genial einfach für Kleinkinder in der Pipiphase, aber auch für Mütter, die dabei sind, sich die elementaren Kenntnisse der französischen Sprache und *culture* anzueignen.
Mir springt der Unterschied zwischen der deutschen und der französischen Formulierung desselben, universellen Sachverhaltes ins Auge.
»Jeremie hat Lust, Pipi zu machen«, sagen die Franzosen.
»Jermie muß Pipi machen«, heißt es bei uns.
Was sich auf Deutsch nach Zwang, Pflicht und Schuld anhört, das hat im Französischen den Beiklang von Eifer, Spaß und Freude.
Über die Auswirkungen, die diese gegensätzlichen frühkindlichen Prägungen auf die psychischen Strukturen der beiden Nationen haben mögen, ließe sich endlos spekulieren.
Sicher aber ist, daß die Europäische Union mit ihrem Drang

zur Vereinheitlichung bei einer »Euro-Pipi-Norm« noch an harte nationale Grenzen stoßen wird.
Friedrich, ein Deutscher in Frankreich, muß heute im franko-germanischen Spannungsfeld von Pflicht und Spaß beim Pinkeln heranreifen.
Vielleicht aber wird es einmal gerade das Verdienst von Männern seines Schlages sein, wenn sich Europa dereinst auf eine interkulturelle paneuropäische Haltung zum Pipimachen geeinigt haben wird.

Mein Mann begann sich zu wundern, denn schließlich hatten wir ja dieselben Begegnungen, denselben menschlichen Umgang. Er staunte über mein, wie er sagte, zunehmend fundiertes Verständnis für die in frühester Jugend geprägten kulturellen Unterschiede zwischen uns und unseren französischen Freunden.
Und nach und nach wurde er auch einfach neidisch auf die französischen Fachausdrücke für »Windeln wechseln«, »Häschen füttern«, »mit dem Schmusetier schmusen«, »im Sandkasten buddeln« und natürlich »Pipi machen«, die ich ab und zu, scheinbar locker, aus dem Ärmel schüttelte.
Ich verriet ihm mein Geheimnis.
Inzwischen ist es mein Mann, der sich auf jede Neuausgabe von *PICOTI* stürzt, als handele es sich um ein französisches Männermagazin. Wenn er es bei Francine holt, wird er ganz verlegen, aber wir haben ihr noch nichts verraten.
Wir kaufen das Heft immer heimlich am Morgen, während die Kinder im Kindergarten und in der Kinderkrippe sind, damit wir es lustvoll durcharbeiten können, bevor sie es uns wegschnappen.

[illegible]

[illegible] ist es [illegible] cht einer [illegible] zu erkennen [illegible] [illegible] ersten Wochenende im Septe[illegible] n Samstag

Amor und Caritas in den Cevennen

Im Winter ist es ruhig in L'Estréchure. Sehr ruhig. Man würde von Friedhofsruhe oder zumindest von Winterschlaf sprechen, gäbe es nicht, neben der lästigen, immerhin belebenden Rennerei um Brennmaterial zum Heizen, auch noch die Wildschweinjagd und das Lottospiel. Sie verschaffen dem Leben in der kalten Jahreszeit, in der Boulespielen, Angeln und Banksitzen nicht möglich sind, ein inneres Zentrum, um das es kreisen kann. Doch die tiefere Einsicht in Sinn und Bedeutung dieser beiden Veranstaltungen kam uns erst nach Weihnachten.

Denn was für die Cevenolen gilt, das gilt auch für ihre Bräuche und Vergnügungen: Man muß sich langsam herantasten, um ihr Wesen und ihren Gehalt zu ergründen. Erst das Miterleben und ein mühevolles Einfühlen vermag in dieser verschlossenen Region die tiefere Bedeutung allen Tuns zu erschließen.

Teil I

Von Jagd- und Eheglück

Für den Zugezogenen ist es zunächst nicht leicht, einen tieferen Sinn darin zu erkennen, daß seine Morgenruhe ab dem ersten Wochenende im September jeden Samstag

und Sonntag bereits vor sechs Uhr gestört wird. Wobei in unserem Fall noch erschwerend hinzukommt, daß Mademoiselles Wildschweinjäger aus Saint Jean du Gard sogar schon ab vier Uhr in der Früh, bevor er zur Jagd aufbricht, in ihrem *chambre* unter uns tätig wird.
Nun, gegen sechs Uhr treffen sich alle Jäger in der »Bar des Chasseurs«, um ein Frühstück einzunehmen, das aus rabenschwarzem Kaffee besteht. Die meisten lassen in der Zwischenzeit die Motoren ihrer Citroëns und Renaults, ausnahmslos Kastenwägen in gedeckten Farben, die bekanntlich alle im Winter Schwierigkeiten mit dem Anspringen haben, unter unserem Schlafzimmerfenster weiterlaufen, während hinten aus den Blechkästen, die wie Klangkörper den Schall verstärken, das fiebernde Bellen der Jagdhunde dringt. Nach dem Kaffee rottet man sich auf dem Platz vor der Post zusammen – eine raunende, rauchende Verschwörerbande im Morgengrauen, die die letzten strategischen Details aushandelt, bevor es endgültig losgeht.
Es ist Sonntag, sechs Uhr früh. In Deutschland hätten die Rechtsanwälte einer mittleren Kleinstadt ausgesorgt, so viele Prozesse würden wegen morgendlicher Ruhestörung angestrengt. Nicht so in L'Estréchure. Allein diese hohe Toleranz müssen wir als Hinweis darauf werten, daß der Nutzen, den die Dorfgemeinschaft aus der Jagd zieht, größer sein muß als ihr Schaden.

Am Sonntag, dem 2. Januar, kam Jeanine glückselig zu uns gelaufen. »*Venez, venez*«, rief sie, »die Jäger kehren zurück!«
Rasant bogen die grauen Kastenwägen in den großen, matschigen Hof am Ortsausgang ein, wo es einen regendichten Schuppen für die Zuschauer und für die Jagdbeute gibt,

Zwinger für die Hunde, zwei alte Badewannen und einen offenen Herd zur Heißwasserbereitung.
Männer, nein, abgekämpfte, dreckige Recken entsteigen ihren Gefährten, Hundegebell, gewichtiges Türenschlagen, lautstarkes Räuspern, Zigaretten in Mundwinkeln.
Monsieur Grel zwinkert seiner Frau Jeanine verschwörerisch zu, hebt die Hand mit zwei gestreckten Fingern wie der amerikanische Präsident zum Victory-Gruß, und Jeanine bricht in einen ekstatischen Begeisterungssturm aus. Sie hüpft wie ein Gummiball auf der Stelle, klatscht in die Hände, ruft bravo, bravo, und strahlt übers ganze runde Gesicht: Ihr Ehegatte hat zwei Keiler zur Strecke gebracht.
Die alten Männer, die nicht mehr mit auf die Jagd gehen, kommen angewankt. Schiebermützen, kaum noch einer mit Zigarette, *le docteur* hat's untersagt, die Durchblutung, aber der Atem malt vor ihren Mündern trügerische Wölkchen in die kalte Luft: »*Alors?*«
»*Pas mal, pas mal*«, untertreiben die Jäger und schieben ihre Unterkiefer vor.
Jetzt treten auch die anderen Ehefrauen auf. Sie umgehen die tiefsten Matschstellen auf Sonntagsschuhen, während sie noch einmal ihre Frisuren betasten: »*Déjà de retour?*«
In ihren Stimmen schwingt unverhohlene Anerkennung, denn wenn die Männer schon mittags heimkommen, bedeutet das, daß sie bereits am Vormittag das Abschußlimit erreicht haben!
»*O là là!*« rufen sie leuchtend vor Stolz, als nun vor aller Augen die Jagdbeute aus den Autos gehievt wird: fünf prächtige schwarzbraune *sangliers,* drahtig, Paarhufe so zierlich wie Abendpumps, hoher schmaler Rist, mit sauberen Einschüssen zur Strecke gebracht.
Die Jäger ziehen die Bäuche ein, und ihre Brustkörbe schwellen an. Fachsimpeln in Jagdgrün. Die Alten begutach-

ten den Abschuß. Sogar Christoph, der Junior von Kati, hat heute fast einen Treffer gelandet. Er kann auch schon ganz prächtig den Unterkiefer vorschieben. Es entwickelt sich ein ohrenbetäubender Disput, dessen genauer Inhalt mir nicht nur wegen der vielen Fachausdrücke aus der Jägersprache unverständlich bleibt.

Eine Dampfschwade schiebt sich vor die Männergruppe, aus der vereinzelt Köpfe und immer wieder wild gestikulierende Arme auftauchen. Das Heißwasser ist bereitet. Im wabernden Dunst heben zwei Männer ein Wildschwein an den Füßen, schwingen es seitlich hoch und befördern es mit Elan in eine Badewanne. Dort wird es überbrüht, und auf einem großen Tisch schabt man ihm das widerspenstige Fell ab, bis darunter der arme nackte Leib, gelblichweiß und demütig, hervorkommt. Das alles dauert unter ständigem Gerede mindestens zwei Stunden, bis sich der eigentliche Höhepunkt nähert: das Teilen der Beute. Keineswegs gehört das Schwein dem, der es geschossen hat! Und der *propriétaire*, auf dessen Grund es zur Strecke gebracht wurde, erhält auch nur das, was die Jäger ihm freundlicherweise zuteilen. Jeder Bodenbesitzer in den Cevennen ist nach einem ungeschriebenen Gesetz verpflichtet, die Jäger durch sein Gelände und auf seinem Grund jagen zu lassen, eine Gepflogenheit, die manch ein Zugewanderter mit hübschem Sommeranwesen und Swimmingpool nur ungern akzeptieren mag. Einige Neulinge, die versuchten, ihr Terrain mit Verbotsschildern *»propriété privée/chasse interdite«* zu verteidigen, fanden leere Patronenhülsen zwischen den Erdbeeren, aber kein Stück Fleisch auf dem Tisch.

Jedes Wildschwein wird jetzt mit Hilfe einer schreienden Motorsäge in seine Einzelteile zerlegt, die mit Nummern gekennzeichnet werden. Die an der Jagd beteiligten Jäger ziehen Lose, und ein jeder hat sich, ohne Murren, mit dem, was das Schicksal ihm zuteilt, zu begnügen. Aber, wie es der Himmel an diesem vom Jagdglück begünstigten Tag wollte, fielen Monsieur Yvan Grel von den fünf erlegten *sangliers* zwei Hinterkeulen zu! Die besten und begehrtesten Stücke. Und als Jeanine die Beute nach Hause trug, ist bei mir endlich der Groschen gefallen: Dem Wildschwein kommt eine das winterliche Eheleben stabilisierende Funktion zu!

Während nämlich heutzutage sogar beim Boulespiel gelegentlich Frauen mitmischen, denen in den Cevennen noch bis nach dem Zweiten Weltkrieg das Reden ohne Erlaubnis ihrer Männer verboten war, ist die Wildschweinjagd eine rein männliche Domäne geblieben. Sie ist also eine der letzten ökologischen Nischen, in der die klassischen Muster geschlechtsspezifischer Verhaltensweisen ungestört blühen dürfen, welche wiederum die polare Anziehungskraft der Geschlechter untereinander verstärken, wenn Sie wissen, was ich meine: Als Jäger ist der Mann einfach noch Mann. Er zieht mit seinen Kumpanen frühmorgens gerüstet in den Wald auf *aventure* aus, um sich im Kampf mit der wilden Natur und zugleich in Konkurrenz mit seinen Mitstreitern zu bewähren, ganz so, wie seine Urahnen, die Troubadoure Südfrankreichs, den wahren *chevalier* besungen haben.

Und die Frau als Frau des Jägers ist einfach noch Frau: Sie harrt, wie dazumal das Burgfräulein, zu Hause seiner Heimkunft, indem sie das Herdfeuer hütet, im *congélateur*, der Tiefkühltruhe, Platz schafft und sich das Haar richtet. Sie empfängt den abgekämpften Recken voll Stolz, hört mit gläubigen Augen geduldig schweigend die Geschichte seines Abenteuers an, bewundert seinen Mut und bestaunt seine Jagdbeute, die sie alsbald in eine duftende Mahlzeit umwandelt.

Daß am Wochenende im Winter auf diesem erotischen Nährboden die gemeinsame *sieste* dann ganz reizend wird, ist garantiert.
Kein Wunder also, daß sich in L'Estréchure kein Mensch vom lautstarken Aufbruch der Jäger gestört fühlt. Hier das Rezept von Madame Jeanine Grel für ein Wildschweinragout, nach dessen Genuß ich sie mit Monsieur Yvan Grel schäkernd durch die Grande Rue von L'Estréchure flanieren sah:

Jeanines Wildschweinragout
Daube de sanglier

Zutaten

(für 6 Personen)
1 kg Wildschwein-Ragoutstücke
4 Karotten
2 Zwiebeln
Thymian
Lorbeerblatt
Pfeffer
Salz

Die Wildschweinstücke in elf- bis zwölfprozentigen Rotwein marinieren, dem die in Scheiben geschnittenen Karotten und Zwiebeln zugefügt worden sind, ebenso Thymian, Lorbeerblatt und Pfeffer. Nicht salzen.
Zwei Tage in der Marinade lassen.
Die Wildschweinstücke anbraten, abtropfen lassen, salzen und in den Topf zurückgeben. Marinade beigeben und 2½ Stunden bei schwacher Hitze schmoren.

Teil II

Le Loto

Mit dem *Grand Loto*, das eher wie eine Art Tombola funktioniert, ging es uns erst einmal ähnlich wie mit der Wildschweinjagd: Uns fehlte die rechte Einsicht. Den ganzen Winter über weisen Plakate auf diese bedeutenden Ereignisse hin, die darin gipfeln, daß man einen Haarfön mittlerer Qualität, eine Nachttischlampe mit Brokatschirm, einen Wildschweinkopf oder einen Plüschbären gewinnen kann. Jede Institution veranstaltet ihr eigenes Lotto: Die Liga der Boulespieler, das Festkomitee von L'Estréchure, die Association der Jäger und die Association der Eltern der Dorfschulkinder, so daß kaum eine Winterwoche ohne solch eine Zusammenkunft verstreicht. Aus der ganzen Umgebung strömen dann die Menschen zusammen und parken die Grande Rue von L'Estréchure bis weit aus dem Ortskern hinaus zu. Erst nach Mitternacht löst sich die Versammlung wieder auf, die Motoren brüllen in die klare Winternacht, und unsere erste Traumphase bekommt einen Sprung.

Wir schüttelten ob solchen Unsinns so lange verständnislos die Köpfe, bis auch die *Association des parents de l'école maternelle de Saumane* ihr Lotto veranstaltete.

Als Mutter einer Tochter, die den Kindergarten des Nachbardorfes besucht, der, wie in Frankreich üblich, »mütterliche Schule« heißt, war ich natürlich, zumal als Einwanderer, moralisch verpflichtet, mich zu beteiligen. Ich buk also einen sehr deutschen und karitativen »versunkenen Apfelkuchen« und brachte ihn am Abend des großen Tages zu den engagierteren Eltern, die im Eingangsbereich der *mairie* von L'Estréchure ihren Verkaufsstand installiert hatten.

Als ich meinen in der 28-Zentimeter-Springform üppig aufgegangenen Kuchen zwischen all die pfannkuchenflachen *tartes* der französischen Mütter plazierte, stieg mir das Blut in die Wangen, weil ich mir so schrecklich germanisch vorkam.

»Ist das ein Gougel'ouf?« fragte mich Liane.

Ich versuchte, ihr klarzumachen, daß der Gugelhupf aus dem Elsaß stammt, welches zu Frankreich gehört, mein Apfelkuchen aber aus Südwestdeutschland, was allerdings fast dasselbe sei oder jedenfalls gewesen sei …

Zum Glück gehörte Liane meiner Generation an, und ihre Geschichtskenntnisse waren ähnlich lückenhaft geworden wie meine, so daß wir das Thema nicht weiter vertieften. Liane hielt mir statt dessen einen Fächer aus grünen Pappkarten entgegen. Auf jeder Karte standen verschiedene, in fünf Reihen untereinander geordnete Zahlenfolgen.

»Combien?«

Ich zog vier Karten heraus, zahlte vierzig Francs und war gespannt, was jetzt passieren würde.

»Fumeur ou non fumeur?«

Das war keine Preis, sondern eine Platzfrage: Die Nichtraucher wurden nach rechts, zu den Gerechten, in das (einzige) Klassenzimmer von L'Estréchure geschickt, die Raucher nach links, zu den Sündern in den Gemeindesaal, in dem auch der Gemeinderat tagt und der Weihnachtsmann die Kinder beschert.

Ich warf zunächst einen Blick hinter die rechte Tür. An den Schulbänken entlang hatten sich die Honoratioren der calvinistischen Kirchengemeinde mit geraden Rücken aufgereiht, die Damen in weißen Blusen, das dekorative Hugenottenkreuz am Goldkettchen um den Hals. Dazwischen einige ältere Männer mit Rauchverbot, die nicht in Versuchung geführt werden wollten, sowie eine ökologisch einwandfreie Familie mit Säugling.

In der Luft hing ein Hauch frommen Lavendeldufts und im Ton der verhalten geführten Gespräche schwang etwas von dem Wohlwollen, mit dem man Kindern übers Haar streicht und den Bedürftigen wollene Unterwäsche schenkt, mit. Auch ich wurde, während ich die Lottogewinne auf den Regalen der Schulkinder musterte, mit einem Lächeln offensiver Nächstenliebe bedacht: Ausländerintegration.
Ich ging rasch nach links hinüber, zu den Sündern. Hier saß der Rest des Dorfes mit vielen Besuchern aus der näheren Umgebung. Arlette, Norberts Frau, winkte mir zu, und ich tauchte ein in Qualm und Geschrei. Auf den Tischen waren in regelmäßigen Abständen, so daß ein jeder sie zur Hand hatte, kleine Häufchen Maiskörner bereitgelegt. Die mit Zahlen bedruckten grünen Pappkarten mußte man vor sich ausbreiten. Jean-Claude, der Gemeindearbeiter, griff zum Mikrophon. Im Frühjahr befestigt er die Geranienkästen an den kommunalen Brunnen, im Sommer mäht er die Gemeindewiesen und hängt die bunten Papierfähnchen für die *Fête votive* auf, im Herbst holt er die Blumenkästen wieder rein, und an Weihnachten spannt er das große Transparent, das allen Menschen Joyeuses Fêtes wünscht, über die Straße, steckt den einen Gemeindeweihnachtsbaum in das dafür vorgesehene Loch auf dem Platz vor der Post, und den anderen in das vor der *mairie.*
»*Un, deux, trois, un, deux, trois, allo, allo, bon soir, bon soir, un, deux, trois* …«
Heute moderiert Jean-Claude das *Grand Loto.* Er testet sein Mikro wie ein Profi, und das Volk wird allmählich leiser.
Jean-Claude wägt zwei Würfel gewichtig in der Hand:
»*Mesdames et messieurs, attention!*« schreit er. »*On commence!*«
Angespannte Stille im Saal, die Würfel fallen, das Spiel beginnt.

»Soixante-douze!« schreit Jean-Claude.
Das ist die Zahl, die er gerade gewürfelt hat. Er schreibt sie auf einen Zettel, während das Volk die Ziffern fieberhaft auf seinen grünen Kärtchen sucht. Einige finden sie aufgedruckt und legen schnell ein Maiskorn drauf. Mich bringt das französische Zählsystem ab siebzig immer wieder in Schwierigkeiten. Ich übersetze mir *soixante-douze* in sechzig-zwölf, aber bis ich es addiert habe, hat Jean-Claude schon die nächste Nummer ausgerufen. Arlette spürt mein Zögern, linst zu mir rüber und legt mir liebevoll ein Maiskorn auf die 72 auf einer meiner Karten. Mit den Zahlen unter siebzig komme ich besser zurecht, aber es passiert immer wieder.
»Quatre-vingt-quatorze«, ruft Jean-Claude, vier-zwanzig-vierzehn. Hier muß man sogar multiplizieren: vier mal zwanzig plus vierzehn. Es ist mir unbegreiflich, warum die Franzosen nicht wie normale Menschen siebzig, achtzig und neunzig sagen können.
Lächelnd hat mir Arlette, die sonst, beim Auswiegen der Tomaten, auch nicht gerade flott im Rechnen ist, ein Maiskorn auf Nummer 94 plaziert. Eine meiner Zahlenreihe ist jetzt bis auf eine Zahl vollständig mit Maiskörnern belegt. Arlette nickt anerkennend. *»Courage!* Vielleicht gewinnen Sie!«
Aber da brüllt Maurice schon *»Quine!!«*, woraufhin alle anderen mit einem Seufzer der Enttäuschung die Maiskörner von ihren Kärtchen wischen. Das Spiel ist aus, denn Maurice hat mit seinem schrillen Aufschrei kundgetan, daß er als erster eine Zahlenreihe komplett und damit gewonnen hat. Er drängelt sich zu Jean-Claude durch, der noch prüfen muß, ob die Reihenfolge von Maurices Zahlen mit der von ihm gewürfelten übereinstimmt. Dann bekommt Maurice den wohlverdienten Gewinn: ein Bündel, das sich

aus einer Flasche Wein, einer Keksschachtel und einem Haarreif zusammensetzt.
Maurice klemmt sich die Flasche Wein unter den Arm, drückt Jean-Claudes Frau charmant lächelnd die Keksschachtel in die Hand und setzt sich den Haarreif auf den Kopf. Gelassen nimmt er die Ovationen des Volkes entgegen, und man geht in die nächste Runde.
Auf die gleiche ermüdende Art und Weise wurden nun, ohne daß die Hochstimmung und die gespannte Aufmerksamkeit im Saal im mindesten nachgelassen hätten, etwa zehn weitere Preise verlost.
Arlette war bald dazu übergegangen, mir Jean-Claudes Zahlen in vereinfachter Form zu soufflieren: Schrie Jean-Claude etwa *quatre-vingt-trois,* so flüsterte mir Arlette *huit trois* zu, acht, drei, und ich suchte auf meinen Karten nach der Nummer 83.
Nach über zwei Stunden gab es endlich eine Pause. Liane verkaufte Kuchen, Saft und Wein, und diesmal stieg mir das Blut in die Wangen, weil mein deutscher Apfelkuchen binnen kürzester Frist verkauft war, das Stück zu zehn Francs, ebenso wie die französischen *tartes.*
Endlich hatte ich auch den tieferen Sinn des cevenolischen Lottospiels durchschaut: Es war ein rein karitativer Akt, da auch sämtliche Preise von den Einwohnern L'Estréchures gespendet worden waren. Die Einnahmen aus den Loskarten, aus Essen und Getränken flossen also ungeschmälert dem Kindergarten meiner Tochter zu.
Zugleich schien für die Menschen der Gegend, die es gewohnt sind, sich für den kleinsten Ertrag abrackern zu müssen, die Aussicht, spielerisch und im Sitzen etwas zu gewinnen, unglaublich ergötzlich zu sein.

Während, wie wir gesehen haben, die Wildschweinjagd der fleischlichen Liebe zuträglich ist, steht also das Lottospiel im Dienste der reinen Nächstenliebe.
Liane schreckte mich aus meinen Gedanken hoch: »Der *gateau aux pommes plongés* war von Susanne!« rief sie so laut, daß das Schulhaus widerhallte. »Susanne, *l'allemande*«, und ich war sofort von zehn Frauen umringt, die das südwestdeutsche Rezept haben wollten.
Die Schulglocke schrillte, Jean-Claude läutete die nächste Runde ein, Sünder und Gerechte trennten sich wieder, und als ich hochblickte, las ich zum erstenmal die Marmortafel, die über dem Eingang zur Schulklasse eingelassen ist:

A la mémoire de nos camarades Instituteurs
Duport Marius 1919 – 1944
Mort en combat à Cassino le 14. Mai 1944
Parmentier Jean 1917 – 1943
Décédé dans les prisons allemands le 27 avril 1943

Mit Mitte Zwanzig aus dem Leben gerissen.
Vincent, der heutige Dorfschullehrer von L'Estréchure, ist schon ein paar Jahre älter. Morgen für Morgen steht er lächelnd am Schultor, um alle seine Schulkinder, auch die Zugezogenen, zu begrüßen und unter der Marmortafel hindurch in ihr Klassenzimmer zu führen.

Yvonne

Nachdem uns Monsieur Roussel das erstemal in sein Haus gebeten hatte, breitete er im Eßzimmer beide Arme aus und verkündete: »*Voilà!* Dies war einst das Schlafzimmer von Yvonne!«
Ich überlegte blitzschnell, ob es sich dabei wohl um seine verflossene Ehefrau, um eine unbekannte Mätresse von Napoleon III. oder um einen Publikumsliebling à la Catherine Deneuve handeln mochte, und entschied mich, weil ich fand, »Yvonne« klänge danach, für letzteres.
»Sie kennen doch Yvonne?!« hakte Monsieur nach.
»Die berühmte Schauspielerin?«
Monsieur Roussel lachte sein leises, zischendes Lachen und winkte ab. Yvonne gehörte zu den wenigen Ureinwohnern von L'Estréchure, die heute noch im Dorf leben, erklärte er uns, und sie wäre eine *personnage importante.* Man könnte sie leicht daran erkennen, daß sie stets ein Gefäß mit sich führte. Yvonne hätte auch ihm, Monsieur Roussel, dringend angeraten, niemals ohne einen Sack oder etwas Ähnliches aus dem Haus zu gehen, da man in Wald und Flur jederzeit auf etwas stoßen könnte, das sich einzusammeln lohnte. Pilze etwa oder Waldbeeren, Eßkastanien oder auch nur ein schönes durchgetrocknetes Stück Brennholz.
Als ich wenige Tage später einer kräftigen Siebzigerin mit zimtfarbenem Gesicht und ebensolchen Waden begegnete, die einen Spankorb voller Steinpilze am Arm trug, die ihr

alle irgendwie ähnlich sahen, begrüßte ich Yvonne und stellte mich ihr vor.

Ein paarmal noch plauderten wir ganz unverbindlich miteinander auf der Dorfstraße, dann aber zeigte sie uns ihre Hühner und Kaninchen, begann, unsere Kinder regelmäßig mit Sirup *(»rouge ou vert?«)* und mit Lutschern zu füttern und mit uns die spärlichen Neuigkeiten auszutauschen, die L'Estréchure zu bieten hat.

Trotz ihrer Taubheit ist Yvonne immer bestens informiert, besonders darüber, wer mit wem, wo, wann, wie oft und warum. Niemals sieht man sie mißgelaunt, verstimmt oder auch nur argwöhnisch, immer ist sie heiter, teilnehmend und freigebig. Als ich einmal über Leibschmerzen klagte, schenkte sie mir gleich einen ganzen Zweig mit getrockneten Verveineblättern daran (3x täglich 1 Tasse). Als Johanna hustete, steckte sie meinem Mann eine Handvoll Majoranblüten zu und ermahnte ihn, regelmäßig im Frühjahr die Blüten von unserem Lindenbaum abzuernten und im Sommer den wilden Majoran von den Wegrändern zu pflücken. So wären wir garantiert gegen jede cevenolische Grippe gewappnet.

Nun saß Yvonne auf einem Hocker in ihrer Küche, die zugleich als Salon und als Eßzimmer dient, schob ihr Kleid über die nackten braungebrannten Knie hoch und bedeckte diese mit ihren Händen. *»L'arthrite!«* seufzte sie, die Knie täten ihr weh. Sie zog bekräftigend die Nase kraus, wechselte dann urplötzlich den Ausdruck, spitzte den Mund und zwinkerte spitzbübisch: »Ehbeh!« rief sie. *»C'est la vie.«* Eines ihrer Hühner litte an Rheumatismus im Hüftgelenk, und das wäre doch sicherlich noch viel unangenehmer, oder?

Yvonne schob das Kleid mit einem Ruck wieder an seinen angestammten Platz zurück, »ehbeh!«, und sprang auf, als hätte sie noch nie im Leben etwas von Arthritis gehört. Ich wollte nun das Wunderelixier herausfinden, welches Yvonne so beständig bei Gesundheit und Laune hielt, und fragte sie darum nach ihrem Tageslauf, gestern und heute in L'Estréchure. Am Ende ihrer Erzählung aber mußte ich konstatieren, daß es da kein Wundermittel gab, sondern einzig und allein das Leben selbst – und Yvonnes fraglose Hingabe daran.

»Autrefois«, begann Yvonne ihre Geschichte, »früher, als ich noch nicht verheiratet war, da lebten wir alle zusammen bei Maman im *mas* von Boisserolle. Meine vier Brüder Fernand, Jean, Maurice, Franque und ich.
Ich bin jeden Morgen um fünf Uhr aufgestanden. Maman und meine Brüder schliefen noch. Ich bin aufgestanden und habe mich am Trog im Hof gewaschen. Da lief immer etwas Wasser. Das war ein wunderbares Geräusch. Immer dieses Tropf-tropf in den Steintrog, das ganze Jahr über. Mal mehr, mal weniger, je nachdem, was die Quelle hergab. Dann habe ich das Geschirr gemacht. Das wurde nur einmal am Tag immer früh am nächsten Morgen gewaschen. Danach habe ich die Milch heiß gemacht und gedeckt, und wir haben alle zusammen gefrühstückt. Dann sind die Brüder zur Arbeit weggegangen. Am Sonntag blieben sie da, und es gab mittags immer unser Sonntagsessen: Kalbfleisch mit Sauce. Ich war immerzu bei Maman und habe ihr geholfen. Alles was ich weiß, habe ich von Maman gelernt. Ich habe die Hühner versorgt und die Ziegen. Melken, Käse machen. Die Leute kamen aus dem Dorf extra hoch zu uns und haben den Käse hier gekauft. So etwa ein Kilo pro Woche. Manche nahmen sogar zwei Kilo. Das war so ein frischer weißer Ziegenkäse, der in hübschen runden Tonförmchen gestockt ist. Zwei Centimes kostete einer. Das weiß ich noch genau.

Ich habe auch viel gestrickt. Am Abend. Immer klapperten die Nadeln. Bei Maman auch, solange sie noch sehen konnte. Die ganze Wäsche habe ich auch gemacht. Wir haben im Trog im Innenhof gewaschen und dann im Fluß gespült und auf der Wiese getrocknet und gebleicht.

Im Frühjahr ab April kam dann *l'education du ver à soie*, die Aufzucht der Seidenraupen. Das haben fast alle Leute hier in der Gegend gemacht. Damit konnte man gut dazuverdienen. Die Eier des Seidenspinners konnte man in kleinen Döschen kaufen. Grammweise. Maman hat die Eier dann in den ersten Wochen in einer kleinen Schatulle unter ihren Kleidern getragen, direkt auf der Haut. So hat sie sie ›ausgebrütet‹. Sie trug die Schatulle auf der Hüfte. Es gab aber auch Frauen, die steckten sie zwischen ihre Brüste. Jedenfalls hat der menschliche Körper genau die richtige Temperatur, damit die Seidenraupen schlüpfen.

Wenn die Würmer dann geboren waren und zu kriechen und zu krabbeln anfingen, die sind am Anfang ja *minuscule*, winzig klein, dann haben wir sie in die *magnanerie* hochgebracht. Oben im Haus, das ganze Dachgeschoß, war für die Seidenraupen reserviert. So war das in allen Häusern in der Region. In den Ecken des Raumes waren offene Feuerstellen, die man ständig kontrollieren mußte, um die Temperatur gleichbleibend zu halten. Das war mühsam. Man mußte mehrmals in der Nacht aufstehen und auf das Thermometer schauen und dann nachfeuern, oder das Schwelfeuer kleiner machen. Diese Seidenraupen sind schrecklich empfindlich. Zugluft vertragen die auch keine. Wir haben sie also gehütet, gehegt und gepflegt wie Babys. Zuerst haben wir ihnen die Betten gemacht. Auf so flache Schubkästen wurde Papier ausgebreitet. Darauf haben wir die frisch geschlüpften Würmer verteilt. Dann mußte man ständig Maulbeerblätter pflücken. Zwanzig herrliche Bäume standen oben an

der Straße, und auch unten am Haus entlang war da eine richtige Baumallee, und im Innenhof stand der größte und schönste Maulbeerbaum.
Das Blätterabpflücken ging ganz schön an die Hände. Dann mußten die Blätter für die jungen Würmer auch noch kleingeschnitten werden, damit sie das fressen konnten. Es war eine unheimliche Arbeit. Die fressen und fressen. Tonnenweise. Und sie wachsen rasend schnell. Sie häuten sich mehrmals. Am Ende kann man ihnen dann ganze Zweige mit Maulbeerblättern hinlegen. Da fressen die sich durch. Das kann man richtig hören. Es knistert und knuspert und raschelt. Wenn man die Augen zugemacht hat, dann hörte sich das so an, wie wenn Regen auf Blätter prasselt.
Nach ungefähr zwei Monaten sind die Würmer ausgewachsen. Fett, gelblich-weiß und träge. Fast so dick wie mein kleiner Finger und noch länger. Sie hören auf zu fressen und liegen nur noch rum oder richten sich auf und halten nach was zum Hochklettern Ausschau. Jetzt muß man ihnen so Arkaden aus Zweigen bauen, an denen sie hochklettern können. Das sah sehr hübsch aus, richtige Tunnels aus Zweigen ohne Blätter. Langsam, langsam kriechen die Raupen da hoch, machen sich fest und spinnen sich in ihren Seidenkokon ein. Wenn sie damit fertig sind, dann hängen die Arkaden voll mit Kokons wie mit kleinen weißen Taubeneiern. Man holt die Zweige aus der *magnanerie* in den Hof runter, und dann beginnt die Ernte. Alle helfen mit. Das können auch schon die Kinder machen. *Le décoconnage:* Die Kokons werden aus den Zweigen herausgeklaubt und in Säcke gefüllt. Meine Brüder haben die Säcke mit den Kokons dann nach L'Estréchure runtergebracht. Dort wurden sie nach Gewicht bezahlt.
In L'Estréchure gab es drei Seidenspinnereien! Das waren hier die guten Zeiten. Da hatten wir drei Cafés und Restau-

rants, zwei Hotels, zwei Friseure, einen Schneider, viele andere Handwerksbetriebe und mehrere Läden!
Am Ende der fünfziger Jahre hat aber die letzte Spinnerei zugemacht. Wegen Nylon. Alle Leute haben nur noch Nylonsachen gekauft, das war viel billiger als Seide. Seither ist unsere Region arm. Meine Brüder haben fast alle Maulbeerbäume abgeholzt. Zum Heizen.
Ich habe während des Krieges von 1940 auch in der einen Spinnerei von L'Estréchure als Fileuse gearbeitet. Die Kokons kamen erst mal in Öfen, wo die Puppe von dem Seidenspinner durch Hitze abgetötet wurde, damit der Schmetterling nicht rausschlüpfte und dabei den Kokon zerstörte.
Wir Spinnerinnen saßen dann in einer langen Reihe nebeneinander und haben in kleinen Wasserbecken mit warmem Wasser drin die Kokons mit einer Bürste abgeschrubbt. Die oberste Schicht abgemacht. Erst darunter fängt nämlich der gute Seidenfaden an. Von dem mußte man dann nur noch den Anfang finden, in eine Maschine einhaken, und die hat den Seidenfaden einfach vom Kokon abgespult und auf eine Spule gewickelt. Einmal, im Krieg, kamen deutsche Soldaten vorbei. Wir haben die Maschinen abgestellt, die Fenster zugemacht und blieben ganz still. Wir hatten Angst. Aber dann sind die Deutschen einfach vorbeigegangen.
Die Seidenraupenzucht dauerte immer von April bis Juni. Ein Saisongeschäft fürs Frühjahr. Wir haben natürlich versucht, in der Zeit möglichst viele Generationen von Seidenwürmern großzuziehen.
Im Herbst gab es wieder andere Arbeiten. Da haben wir vor allem Kastanien gesammelt und Pilze. Dann alles getrocknet, von den Kastanien die Schale abgemacht mit so einer Maschine, an der man drehen konnte. Dann haben wir sie

mahlen lassen, und hatten unser Kastanienmehl für den ganzen Winter.
Später habe ich dann unsere Maman gepflegt, rund um die Uhr. Bis zu ihrem Tod. Nach Mamans Tod sind wir alle ausgezogen, und das Haus stand viele Jahre lang leer; es gehörte ja nicht uns, es zerfiel zusehends vor unseren Augen, bis Monsieur und Madame Roussel es gekauft haben.
Ich war auch einige Jahre lang Hausmädchen bei reichen Leuten in Nîmes. Dann habe ich geheiratet. Mein Mann war bei der Bahn. Kinder haben wir keine.
Jetzt im Alter, meine Brüder sind auch schon im Ruhestand, ist meine ganze Familie wieder zusammen in L'Estréchure. Nur Maman fehlt. Meine vier Brüder haben alle nicht geheiratet. Ah, doch, Maurice, der war mal verheiratet. Mit einer Polin. Aber die hat getrunken, und nach fünf Jahren war sie wieder weg.
Jean, Maurice und Frank haben sich zusammen ein Häuschen gebaut, wo sie wohnen und wo ich sie versorge. Mit viel Garten drumrum. Ich wohne hier, im Haus nebenan, in einer kleinen Wohnung mit meinem Mann, und mein Bruder Fernand hat das Haus auf der anderen Seite.
Seit ich im Ruhestand bin, stehe ich morgens immer erst um sechs Uhr auf. Ich wasche mich hier in der Küche, nehme meine Medizin und sage meinem Mann, was er in der Boulangerie alles einkaufen soll. Dann geh ich rüber zu meinen Brüdern, mache ihnen die Milch warm und decke den Tisch, und wenn mein Mann zurückkommt, frühstücken wir alle zusammen im Haus meiner Brüder. Die gehen dann weg in die Gärten oder Holz machen. Gegen acht Uhr versorge ich die Hühner und die Hasen. Ich mach die Betten meiner Brüder und sammele die Wäsche ein. Um neun kriegt mein Kater, falls er gerade mal vom Schwadronieren zurückkommt, sein Futter. Ich koche das Mittagessen

in der Küche meiner Brüder. Um halb zwölf steht es fertig auf dem Herd für sie, wenn sie heimkommen. Ich nehme aber meinen Teil mit zu mir nach Hause und esse bei mir mit meinem Mann zu Mittag, *tête à tête.*

Ich mache den Abwasch, und dann mache ich ein Nickerchen. Genau eine Stunde lang. Mein Mann schläft noch auf dem Sofa. Er schnarcht vor sich hin, und seine Beine liegen auf einem Stuhl, weil er viel zu lang ist für das Sofa. Ich schleiche leise raus und gehe wieder rüber zu meinen Brüdern. Ich wasche drüben alles ab, flicke, bügele, der Wäschekorb ist immer voll, und ich setze mich vor den Fernseher und schaue mir die Tour de France an.

Am späteren Nachmittag mache ich Besuche bei meinen Freundinnen. Auf dem Weg sammele ich Gras und suche schöne Kräuter für die Hühner und Hasen. Die kriegen um halb sechs noch mal zu fressen.

Dann mach ich das Abendessen für meine Brüder, stelle es ihnen auf den Herd und esse um sieben mit meinem Mann hier bei uns. Danach sehen wir uns einen Film im Fernsehen an. Wenn er hübsch ist, schau ich ihn bis zu Ende an. Wenn er mir nicht gefällt, geh ich schlafen. Mein Mann geht jeden Tag um halb neun ins Bett.

In der Nacht muß ich zweimal raus und mache Pipi, und am nächsten Morgen geht alles wieder von vorne los.

Ehbeh, Susanne, jetzt wissen Sie wirklich alles. Hat Ihnen das weitergeholfen?

Ich muß jetzt rüber. Die Hühner müssen noch mal spazierengeführt werden. Ich will auch mal sehen, wie es der Henne mit ihrem Rheumatismus geht. Wir werden sie wohl bald von ihren Leiden erlösen. Mögen Sie Suppenhuhn?

Allez au revoir, nein, warten Sie noch einen Moment, hier, nehmen Sie noch die Erdbeermarmelade mit! *A bientôt!*«

Merci, Yvonne.

Yvonnes Sonntagsmahl in Boisserolle
Veaux en morceau

Zutaten

1 kg Kalbfleisch für ca. 5 Personen
schwarze Oliven
Karotten
Mangoldstiele
1 Zwiebel
Knoblauch, Salz
Pfeffer

Das Kalbfleisch in Stücke schneiden, die Karotten in Scheibchen, die Mangoldstiele in fingerbreite Streifen, die Zwiebel in dünne Scheiben.

Kalbfleischstücke in Öl anbraten. Salzen, pfeffern und eine Knoblauchzehe zufügen. Das Kalbfleisch herausnehmen und die Zwiebelscheiben im Fleischsaft anbraten.

Das Fleisch wieder in den Topf zurücklegen, die Karottenscheiben, die Mangoldstücke und die schwarzen Oliven zufügen.

Bei schwacher Hitze eine Stunde kochen lassen. Kurz vor Ende der Kochzeit den Saft herausnehmen und mit etwas Mehl vermischen, bis er eine sämige Konsistenz hat. Das Fleisch auf einer Platte mit dem Gemüse zusammen anrichten, die Sauce vor dem Servieren darübergießen.

Der Weihnachtsmann von L'Estréchure

Ein offizieller Brief vom Rathaus. Mit wichtigem Gemeindestempel und dem einschüchternden Zusatz: *République Française. Liberté – Égalité – Fraternité.* Miete nicht gezahlt? Vom französischen Staat als nicht integrierbar ausgewiesen? Hund zu laut gebellt?
Große Erleichterung, als ich den Umschlag aufreiße: Das ist gar kein Schrieb vom Bürgermeister. Das ist ein Brief vom Weihnachtsmann.
Invitation, steht da handschriftlich. Der *père noël* erwartet Johanna und Friedrich am 18. Dezember um 16 Uhr im Rathaus.
Am Samstag, dem 18., dehnen sich die Stunden schon am Vormittag ins Unendliche. Ab fünfzehn Uhr stehen Johanna und Friedrich an der Haustür, waren schon viermal Pipi und wissen nichts anderes mehr zu tun als unermüdlich und zunehmend weinerlich zu fragen: Wann, wann, wann geht's endlich los! Zehn vor vier laufen wir schließlich die zwanzig Meter rüber zum Rathaus. Vor dem Eingang müssen die Kinder unbedingt noch schnell die bunten Glühbirnen, die auch beim Sommerfest im Einsatz waren und die jetzt den Gemeinde-Weihnachtsbaum schmücken, betasten. Der Gemeindesaal ist neonerleuchtet. Plastikstühle auf Linoleum, im Halbkreis aufgestellt, ein kleines Tännchen mit glitzernden Girlanden und pastellbunten Kugeln. Eine andere Familie mit klei-

nen Kindern hat es auch nicht mehr länger zu Hause ausgehalten.
Dann trudeln sie ein, all diese kleinen und größeren Wichte. Es gibt einundzwanzig auf der Gemarkung von L'Estréchure. Endlich hat man einmal den Überblick.
Wie immer wird es viel später als angekündigt, bis es losgeht. Die Kinder schreien und toben, dann tritt der Bürgermeister vor den Tannenbaum, und für einen Augenblick scheint es, als wolle er den Weihnachtsmann spielen. Sein Bauch hat seit dem Sommer, als er ihn beim Boulespiel immer so geschickt zum Ausponderieren einsetzte, deutlich an Umfang gewonnen. Auch jetzt, während er vor dem Weihnachtsbaum steht, wippt der Bürgermeister auf seinen Zehenspitzen, wie um sich auf sein neues Gewicht einzupendeln. Er begrüßt alle Anwesenden, sagt aber, den Hauptteil überließe er gern dem Weihnachtsmann, er sei nur gekommen, um uns allen ein fröhliches Weihnachtsfest und ein glückliches neues Jahr zu wünschen. Vor allem den Kindern.
»*Merci bien*«, antwortet man ihm vielstimmig, »und auch Ihnen alles, alles Gute.«
Der Bürgermeister geht, der Weihnachtsmann kommt. Ehrfürchtiges Raunen im Saal. Die größeren Kinder lächeln höflich, die Kleinen kriegen glänzende Augen und rutschen auf ihren Popos hin und her. Der Gemeinde-Weihnachtsmann schreitet den Kreis ab, reicht jedem Kind die behandschuhte Hand und fragt nach seinem Namen. Ein kleines Mädchen mit rostroten Haaren und kupferfarbenen Augen, das aussieht wie ein winzig kleiner Clown, muß weinen. Es kann den Weihnachtsmann gar nicht anschauen und vergräbt sich im Achselnest seiner Mutter. Dabei ist der *père noël* so miserabel verkleidet, daß ich ständig Angst habe, sein Wattebart würde abrutschen. Als er seine Runde beendet

hat, kniet er sich in der Mitte des Raumes hinter seine großen, prall gefüllten Säcke. Ein Paket nach dem anderen zieht er heraus. Es sind riesige Geschenke, sorgfältig in verschiedenes Schmuckpapier eingeschlagen. Auf jedem steht in Schönschrift der Name des Kindes, für das es bestimmt ist. Der Weihnachtsmann liest den Namen laut vor, und das Kind läuft zu ihm und holt sich sein Geschenk ab. Nur zu dem kleinen weinenden Mädchen muß er es hintragen. Und was für Geschenke das sind! Lauter unterschiedliche, dem Alter der Kinder angepaßt. Da gibt es fernlenkbare Rennautos: ein komplizierteres für den Vierjährigen, ein kinderleichtes eiförmiges für den Dreijährigen. Puppenküchen mit Gerätschaften, mit Topflappen und Schürzchen für kleine Mädchen. Ein irgendwie automatisiertes Schiffeversenkspiel für die größeren Jungen und Lernspiele mit bunt bemalten Karten und Kontrollknöpfen, die piepsen, für die größeren Mädchen. Für einige große Buben hat der Weihnachtsmann sogar zusammenbaubare Fernrohre gebracht! Und der allerkleinste Sproß der Gemeinde bekommt eine große Uhr, die quietscht und klingelt und deren Zahlen auf Klötzchen gemalt sind, die man herausziehen und wieder hineinstecken kann.
Alle Kinder sitzen inzwischen auf dem Boden, haben den Weihnachtsmann schon fast vergessen und packen ihre Geschenke aus. Die Gemeindesekretärin verteilt Köfferchen mit Schokolade. Die Saftflaschen werden geöffnet, man trinkt einen Schluck, für die Eltern eine gute Gelegenheit, sich für die bevorstehenden Weihnachtsfeiertage zu verabreden.
»Eine Puppenküche habe ich mir doch schon so lange gewünscht«, erklärt mir Johanna, »wie konnte das der Weihnachtsmann von L'Estréchure nur wissen?«

Ich habe absolut keine Ahnung. Nicht einmal ich kannte diesen Wunsch meiner Tochter.
»Au revoir!« ruft jetzt der Gemeinde-Weihnachtsmann und winkt mit seiner Handschuhhand.
»Au revoir, père noël!« rufen die Mütter mit hohen Stimmen. *»Merci, merci beaucoup!«* Und sie genieren sich ein bißchen dafür, daß es ihre Kinder nicht einmal mehr schaffen, von ihren Spielen aufzuschauen.

Kastanienkuchen zur Weihnachtszeit
Gâteau de châtaigne

Zutaten

125 g Kastanienmehl
125 g Zucker
20 cl Crème fraîche
ein Streifen unbehandelte Zitronenschale
1 Tütchen Hefe
4 Eier

Eiweiß vom Eigelb trennen. Die 4 Eigelb mit dem Zucker vermischen, vorsichtig das Mehl dazugeben, die Hefe, die Crème fraîche, die Zitronenschale.
Die 4 Eiweiß zu Eischnee schlagen und vorsichtig in den Teig einarbeiten.
Backofen auf 150° vorheizen.
Teig in eine gebutterte Kuchenform einfüllen, 30 Minuten im Ofen backen.

Nach einem leichten Hauptgang können Sie diesen Kuchen als Nachspeise zusammen mit frischem Schafskäse servieren.

Catastrophe de catastrophe!

Der französische Weihnachtsmann hat vom 24. auf den 25. Dezember Nachtschicht. Das entlastet ganz erheblich den Heiligen Abend, denn die Kinder können bald nach dem Essen ins Bett und beeilen sich, einzuschlafen, weil sie erst am Morgen des 25. ihre Geschenke vor dem Kamin finden und dann den ganzen Tag vor sich haben, um damit zu spielen.

Am Heiligabend begann es leise, leise zu schneien. Johanna hatte es als erste entdeckt, da für Kinder Schnee und Weihnachten unverbrüchlich zusammengehören, ohne Rücksicht darauf, daß weiße Weihnachten in ganz Mitteleuropa zur Ausnahme geworden sind und in den niederen Lagen der Cevennen so gut wie nie vorkommen.

Kinderherzen sind konservativ.

Deshalb hatte Johanna immer wieder verstohlen aus dem Fenster gelinst. Vor allem wegen des Transportproblems: In ihren Bilderbüchern fährt der Weihnachtsmann nämlich auf einem Schlitten, und wir hatten schon darüber gesprochen, daß er allmählich seine Rentiere in Pension schicken und auf einen dem Klima besser angepaßten Kleintransporter umsteigen müßte, um weiterhin pünktlich liefern zu können.

»Jetzt kann er doch seinen Schlitten nehmen!« rief Johanna, und ich meinte noch, ihre Begeisterung bremsen zu müssen: »Warten wir erst einmal ab«, sagte ich, »der Schnee bleibt sicherlich nicht liegen.«

Aber er blieb liegen. Und wie. Es hörte einfach nicht mehr auf zu schneien. Schaute man aus dem Fenster, hatte man statt grüner Hügel einen Ausblick wie auf den Fernseher nach Sendeschluß. Tagelang.

Schon als wir am Morgen des 25. versuchten, auf die Terrasse herunterzusteigen, versank Friedrich beim ersten Schritt bis über den Scheitel im Schnee und mußte geborgen werden, während Johanna von der Treppe aus den Kopfsprung in Neuschnee übte.

In den Wäldern begann es zu knacken: Die Äste und Stämme der Steineichen, die an so etwas nicht gewöhnt sind, splitterten unter der weißen Last wie Glas und rissen Strom- und Telefonleitungen mit sich herab. Hierauf stürzte auch mein Schreibcomputerprogramm ab und riß mehrere neugeschriebene Geschichten mit ins Verderben.

Unser Elektroherd blieb kalt, und, was viel schlimmer war, unsere Elektroheizungen auch. Die feuchte Kälte kroch durch alle Ritzen.

Am zweiten Tag wurde der Notstand ausgerufen. Wir wurden also offiziell, von allerhöchster Stelle, zum Zentrum eines Katastrophengebietes erklärt. Jedermann fühlte sich entsprechend wichtig.

Hubschraubergebrumm erfüllte die Luft, und auf dem Platz vor der Post standen im Tiefschnee blaugekleidete Männer von der EDF mit Walkie-talkies in den Händen, in die sie hineinschrien, als müßten sie mit den Hubschrauberpiloten akustisch Direktkontakt halten. *Pompiers* und *policiers*, Feuerwehr und Polizei, standen daneben und sparten nicht mit guten Ratschlägen.

Man versuchte, aus der Luft auszumachen, an welchen

Stellen der vielen verwinkelten Täler Strommasten geknickt und Leitungen zerstört waren, aber die Schneeflocken, zu denen sich jetzt auch noch ein Nebelschleier gesellt hatte, machten die Sucharbeit unmöglich.
Erst am dritten Tag klarte der Himmel auf, der ganze Gard glitzerte silberweiß unter einem dunkelblauen Banner, und alle Welt zückte die Fotoapparate, um diese sensationell schöne Katastrophe festzuhalten.
»Ist es nicht *magnifique?*« fragte ich Francine, die in diesen Tagen in ihrer Zeitschriften-Boutique so viele Blätter verkauft hat, wie das ganze Jahr über nicht.
Francine nickte. Sie trat vor ihre Ladentür und kniff die Augen zusammen: »Was für ein Land!« rief sie aus. »*Merveilleux*! Ich bin noch heute jeden Tag glücklich, daß ich vor dreißig Jahren aus Belgien hierhergezogen bin!«
Lächelnd begrüßte sie Monsieur Cannelli, der mit einem Gewehr in der Hand vorbeiging. Kaum war er außer Hörweite, fügte sie hinzu: »Nur eins ist schade, Madame: daß dieses herrliche Land von Franzosen bevölkert ist!«

Unsere Familie verbrachte vier lange Tage bei Kerzenschein in der Küche, dicht aneinandergerückt neben einer großen Gasflasche, die einen Campingkocher speiste, der uns zum Kochen und als Heizung diente, und neben einem großen Kanister Merlot, der uns bei Laune hielt. Diesem wunderbaren Rotwein aus den »Caves de Saint Jean« sind wir seither treu geblieben.
In der nächsten Umgebung des Dorfes aber passierten schlimme Dinge: Dächer stürzten ein, eine Frau wurde von einem herabfallenden Dachbalken im Bett erschlagen, ein betrunkener Landstreicher erfror im Schnee. Ein Stalldach, das einbrach, tötete mehrere Ziegen, alleinstehende Gehöf-

te waren von jeder Versorgung abgeschnitten, und auf den Koppeln konnten die Pferde, die bis zum Bauch im Tiefschnee standen, nicht gefüttert werden.
Im Dorf selbst beschränkten sich die physischen Schäden auf die auftauenden Tiefkühltruhen, in denen halbe Wildschweine und ganze Menüs zu vergammeln drohten. Francine und die Bäckerei profitierten sogar von der Katastrophe, weil keiner zum Einkaufen in den nächsten Supermarkt fahren konnte.
An seiner Psyche nahm das Dorf aber schweren Schaden. Da nämlich kein Mensch in diesen Tagen einer Arbeit nachging, wuchs sich der Zustand, daß sämtliche Musik-, Fernseh- und Videogeräte ausgefallen waren, zu einer Art Psychofolter aus.
Tagsüber hatte man zwar mit der Betrachtung und dem Kommentieren der Katastrophe genug zu tun, gegen Abend aber verschärfte sich die Situation.
Mademoiselle war so still, daß man ihren Ölofen bullern hören konnte. Es war geradezu unheimlich. Sie mußte in eine Art Winterstarre verfallen sein, war gezwungen, den ganzen Tag Kindergetrappel zu ertragen, ohne sich mit ihrem Kassettenrecorder wehren zu können, und mußte auch nächtelang ohne ihren Wildschweinjäger, der mit seinem Jagdauto nicht bis zu ihr durchkam, auskommen.
In seinem Haus gegenüber beobachtete ich Monsieur Cannelli dabei, wie er zuerst seine Frau anschrie und dann schon vor einundzwanzig Uhr die Kerzen im Salon ausblies. Madame Cannelli, die ich nachts, wenn ich mir die Zähne putzte, für gewöhnlich in ihrer Küche beim traulichen Schein des Fernsehers ihr Bügeleisen schwingen sah, war nun ohne ausgleichende Beschäftigung.
Und der Bäckersbursche, der sonst vor seinem Videorecor-

der jede unnötige Bewegung vermied, schippte nachts freiwillig im Garten Schnee.
Das ganze Dorf war also seelisch aus der Bahn geworfen. Die Stimmung wurde von Stunde zu Stunde mürrischer, mißlauniger, gereizter: die typischen Entzugserscheinungen einer friedlichen Dorfgemeinschaft, die an ein festes Quantum Sex und Gewalt, Werbung und Bildschirmspannung gewöhnt ist.
Am dritten stromfreien Tag rissen uns Schüsse, die zwischen den Häuserwänden widerhallten, aus dem Schlaf. Ich sah aus dem Fenster und zog schnell den Kopf ein. Da stand Monsieur Cannelli und zielte mit seinem Luftgewehr in meine Richtung. Ein Schuß löste sich. Als ich einen zweiten Blick riskierte, sah ich, wie er die Dorfstraße hinunterschritt, nach oben und um sich her schaute und dann neben der Boutique das Gewehr wieder an die Wange legte.
Er schoß noch einmal, ließ sein Gewehr sinken, und ein entspanntes, befriedigtes Lächeln, sicherlich das erste seit Tagen, breitet sich auf seinem Gesicht aus. Zufrieden hierhin und dahin zielend und schießend, schlenderte Monsieur Cannelli nun am frühen Morgen durch die *grande rue.* Der Rächer von L'Estréchure. Nachdem er sich, ausgeglichen wie nach einem Bordellbesuch oder nach getaner Arbeit, wieder in sein Haus zurückgezogen hatte, ging ich los, um in der Boutique den *Midi libre* zu kaufen, der einzig und allein aus den Katastrophenmeldungen unserer Region bestand.
Francine wußte natürlich Bescheid: Monsieur Cannelli hatte es weder auf sie noch auf mich abgesehen, sondern hatte aus reiner Langeweile ein wenig auf Spatzen, Amseln, Häher und Coladosen geschossen.
Privatfernsehen *fait à la main.*

Francine wiegte bedenklich den Kopf. »Hoffen wir nur, daß es dabei bleibt«, sagte sie, denn sie hätte soeben Yvan mit seinem großkalibrigen Jagdgewehr vorbeigehen sehen.

Aber am nächsten Tag waren glücklicherweise die meisten Stromzuleitungen repariert und Notaggregate aufgestellt, so daß schon in der ersten Abenddämmerung wieder das friedvolle bläuliche Licht durch die Fensterläden flackerte.

Bei Baron Pierre de Millerines

Er stand oberhalb der Straße in seinem Garten und schnitt Rosen. Jedesmal wenn ich, ängstlich hupend, hinter einer der scharfen Kurven wieder hervorkam, geriet er, immer ein wenig größer werdend, in mein Blickfeld. Er arbeitete geruhsam, wählte mit Bedacht, und als ich schließlich auf der Höhe des Anwesens war, lächelte er und warf mir eine Rose auf den Kühler.

Ganz langsam und vorsichtig fuhr ich weiter, damit die Blume nicht herunterfiel. Kaum aber fühlte ich mich außer Sichtweite, stieg ich hastig aus und holte sie herein, auf den Beifahrersitz neben mich. Ihr Duft, der mich an reife Pfirsiche erinnerte, erfüllte die heiße Luft im Auto und drang mir ins Herz.

Als ich mit der Hammelkeule, die ich jenseits des Mont Asclier eingekauft hatte, zurückkehrte, klemmte ich, ein paar Kurven vor dem Anwesen, die Rose hinter meinen Scheibenwischer.

Er stand schon auf der Zufahrtsbrücke, die die Straße überspannte. Wenn ein Auto das Tal hinauf- oder herunterfuhr, so war das kilometerweit zu hören. Er winkte, und ich hielt an. Er lotste mich die steile Auffahrt hoch, über die schmale Brücke hinüber bis auf den Parkplatz, dem ein Dach aus üppig rankendem Weinlaub Schatten spendete.

Ich stieg aus. Wir machten uns bekannt. Ob er das ganze Jahr hier leben würde? Er bejahte. Was für ein wundervolles

Anwesen! Er würde mich gerne ein wenig herumführen. Pierre ging mit sichtlichem Stolz voraus.
Die isoliert gelegene *propriété* bestand aus einem Gebäudekomplex, der auf schierem Felsgrund um einen Innenhof herum gebaut war. Wegen der Hanglage standen die Häuser auf unterschiedlichem Niveau und waren über Terrassen, Felswege, Treppen und überwölbte Durchgänge miteinander verbunden. Zweimal gingen wir an bemoosten, gemauerten Brunnenbecken mit glasklar traufendem Wasser vorbei. Am dritten Brunnen reichte mir Pierre einen Messingbecher. Es schmeckte köstlich, aber nach dem ersten Schluck Wasser schaute ich vorsichtshalber an mir herunter, um zu sehen, ob ich nicht verzaubert wäre.
Es gab eine Art Herrenhaus, das, für die Gegend ungewöhnlich, verputzt war, daran anschließende flachere Bedienstetenwohnungen aus rohem Mauerwerk, Remisen, in denen mehrere Ateliers zur kreativen Entfaltung der Herrschaft eingerichtet waren, und ein großes Gartenhaus.
Hinter dem Weiler stieg der Berg steil an. Dort waren großzügige Terrassen angelegt. Auf der ersten ein Swimmingpool und eine Sonnenterrasse mit üppigen Blumenbeeten und bauchigen Vasen aus Anduze, darüber Rasen und ein Kinderspielplatz, und weiter oben folgten die Nutzgärten mit Tomaten, Zucchini, Salat und Gewürzen.
Darüber lagen noch, den Hang hinauf verteilt, mehrere Wasserbassins, die von der hauseigenen Quelle, ganz oben im Berg, gespeist wurden.
Aber da hatte die Wildnis schon wieder die Herrschaft übernommen, die Wege mit Efeu und Steineiche, Ginster und Kastanien, mit fremden Blumen und namenlosem Gestrüpp bis in den blauen Himmel hinauf zugerankt, so daß mich Pierre nur bis zum untersten Bassin führte. Als

Nixe würde ich mir dort sofort meine Wohnung einrichten, als Ophelia mein Grab suchen, als Nymphe mit Satyrn turteln.
Nach unten, ins steil abfallende Tal, ging der Blick auf eine hohe Steinbrücke, die den Gießbach, der das Tal von Millerines herabstürzte, überwölbte, und daneben auf eine malerisch gischtende Kaskade.
Selbst in trockenen Sommern hörte sie nicht auf zu sprühen, versicherte mir Pierre, und erfrischte jeden, dem es hier oben in der prallen Sonne zu heiß würde, allein durch ihren Anblick.
Pierre machte eine ausholende Geste: all das gehörte auch noch zum Besitz. Aber so etwas bekäme man natürlich nicht geschenkt, *n'est-ce pas?* Siebzehn Jahre sorgfältigen Wiederaufbaus und Renovierungsarbeiten steckten darin! Ich wunderte mich ein wenig, weil Pierre ziemlich jung aussah. Wahrscheinlich hatte er alles geerbt, rechnete ich mir aus, und verbrachte seither seine Tage Rosen schneidend und Rosen werfend in diesem himmlischen Anwesen.
Pierre verschwand im Gartenhaus, kam mit zwei Gläsern Rotwein wieder heraus, stellte sie auf einen kleinen runden Metalltisch, der in dem Blau der griechischen Kykladeninseln gestrichen war, und bot mir das Du an. Seit er die Cevennen kannte, hätte er sein Interesse an Griechenland verloren, aber dieses Blau! sagte er. Er spielte mit dem Gedanken, die Fensterläden des ganzen Anwesens in diesem Blau zu streichen, oder wenigstens grün, so grün wie die Fensterläden in der Provence. Das schmutzige Hellgrau, welches für die Cevennen so typisch war, wäre ihm doch zu freudlos.
Pierre lud mich, und leider auch meine ganze Familie, von der er unglücklicherweise im Dorf schon hatte reden hören, für den kommenden Samstag zum Mittagessen ein. Ich

dachte mir, daß es nicht einfach werden würde, im Beisein meiner Lieben weiterzuflirten.
Für Pierre aber schienen familiäre Bindungen kein größeres Problem darzustellen. Er trug mir freundliche Grüße an meinen Mann auf und legte mir gleichzeitig, mit Augen wie glühende Kohlen, ein riesiges duftendes Rosenbukett in den Arm.
Am Samstag empfing Pierre meine ganze Familie mit demselben Charme wie mich. Den Aperitif kredenzte er auf der Terrasse vor dem Gartenhaus, dann aber bat er uns die steilen Stufen hinauf auf die Sonnenterrassen neben dem Swimmingpool.
Eine herrliche Tafel, mit einer Karaffe Rotwein und einer Karaffe Wasser, einem bunten Gartenstrauß und einer Rose an jedem Tellerrand erwartete uns.
Sogar mein Mann war bezaubert.
Wir nahmen Platz und schauten und schauten. Über uns der blitzblaue Himmel, um uns Garten, Blumen, altes Gemäuer und dahinter nichts als diese eigentümlich wilde und reine Natur.
Voluminös gerundete Hügel, versetzt hintereinander gestaffelt, dazwischen tiefe grüne Senken, in denen man verborgene Quellen ahnte.
Pierre streckte den Arm aus und fuhr mit seiner Hand wollüstig die Konturen der Landschaft nach.
»*Corps de femmes!*« sagte er schwärmerisch. »Frauenleiber!«
Mein Mann nickte erst zustimmend, dann aber spürte ich seinen kontrollierenden Blick auf meinem Profil.
Pierre servierte Reissalat mit Thunfisch aus der Dose und Tomaten aus dem Garten, wir sprachen von der wunderschönen bäuerlichen und zugleich so noblen Architektur der Cevennen.

»Habt ihr schon Liane kennengelernt?« fragte Pierre. »Sie wohnt im Château von Bussas«, fuhr er fort; wir müßten sie dort unbedingt besuchen.
»Das ist noch mal eine andere Klasse«, sagte er. »Ein richtiges Adelsschloß mit alten Gewölben und einem wundervollen Weinkeller! Die Nebengebäude alle neu ausstaffiert, der Garten ökologisch bewirtschaftet und der Swimmingpool doppelt so groß wie dieser hier.«
Ich nickte und sah vor meinem geistigen Auge Lianes Familie vor mir. Mir war von Anfang an aufgefallen, daß ihre beiden Kinder die hübschesten der ganzen Region waren, weißblond, der Junge mit riesigen blauen, das kleine Mädchen mit mandelförmigen grünen Augen. Liane selbst hatte zwar ein bäuerliches Gesicht, vielleicht ja eine Mesalliance zur Blutauffrischung, aber Bernards Züge waren so fein gezeichnet, wie das wohl nur bei einem langen noblen Stammbaum möglich war.
Pierre trug geschmortes Kaninchen auf, danach Käse und zum Dessert Joghurt mit frischen Waldfrüchten. Vor allem aber servierte er uns französischen Charme der feinsten Sorte.
Er paßte sein Sprechtempo unserer Aufnahmefähigkeit an, verwandelte umgekehrt jeden unserer mühsam zusammengestoppelten französischen Sätze im Handumdrehen in eine geistreiche Sentenz, würzte die Unterhaltung mit prickelnden Blicken in meine Augen, die er sofort durch Verbrüderungsgesten gegen meinen Mann und durch zärtliche Blicke auf meine Kinder auszugleichen wußte, und kaum ein Thema, das wir berührten, zu dem ihm nicht ein treffendes Bonmot eingefallen wäre.
Unbekümmert bediente er sich aus dem reichen Fundus französischer Chansons, zitierte Edith Piaf, Barbara und Jacques Brel, manchmal sogar mit Melodie, daß es eine Lust

war, und blieb doch ein ehrlicher Finder, weil er jedesmal Autor und Quelle seines Zitates angab.
Pierre schaute mich an und sagte: *»J'aime tes grands yeux ...«*, ich wurde rot, mein Mann erblaßte, und Pierre fuhr fort: »... singt Jacques Brel in seinem berühmten Chanson ...«
Kurzum: Ein quicklebendiger, beweglicher Geist. Wir Deutschen nennen das Esprit.
Als wir schließlich, am späten Nachmittag, die Tafel aufhoben, ließ Johanna versehentlich ihr Glas fallen, und ich sprang auf, um die Scherben zu beseitigen, aber Pierre winkte ab.
»Laisse, ma chère, das macht gleich mein *garçon.«*
Einen Butler schien er also auch noch zu haben.
Wir stiegen die steile Steintreppe hinab und merkten erst jetzt, wieviel wir getrunken hatten.
Pierre hüpfte, schelmisch grinsend, eine Kehrschaufel in der Hand, an uns vorbei, und fegte die Glasscherben unter dem Tisch eigenhändig zusammen.
Am Auto hatte er uns schon wieder eingeholt.
Für den nächsten Samstag luden wir ihn zu uns ein.
Pierre holte Luft und setzte an, uns für den übernächsten Samstag wieder zu sich zu bitten, brach aber mitten im Satz ab, breitete die Arme aus und zog die Schultern bedauernd hoch.
»Je suis désolé!« seufzte er dramatisch. »Aber da kann ich euch nicht mehr auf der Sonnenterrasse empfangen!« Pierre verzog das Gesicht und grinste wie ein Faun. »Da kommen die Besitzer angereist.«
Wir waren einigermaßen verblüfft.
»Ich bin hier der *gardien*«, sagte Pierre, »der Hausmeister seit zwei Jahren. Weil in den alleinstehenden Ferienhäusern so oft eingebrochen wird, brauchen die Besitzer jemanden, der das ganze Jahr über auf ihrem Anwesen lebt. Ich versor-

ge den Garten, mache kleinere Instandhaltungsarbeiten, bewache die Gebäude und wohne dafür mietfrei im Gartenhaus. Aber auf meine Terrasse mit dem blauen Tisch lade ich euch für den übernächsten Samstag ein!«

Ein paar Wochen später, wiederum an einem Samstag, läuteten die Kirchenglocken von L'Estréchure um elf Uhr vormittags. Süß und rein.

Feueralarm war das nicht. Und Gottesdienst gab es nur jeden dritten Sonntag um halb zehn.

Elma und Hoki unterbrachen irritiert ihr mörderisches Gebell, und Arlette, die gerade dabei war, für mich noch eine Tomate passender Größe auszusuchen, um genau zwei Kilo voll zu machen, ließ ihre Handwaage sinken.

Wir brannten vor Neugier, ließen Gemüse Gemüse sein und strebten schnurstracks zur Haustür, um zu sehen, was los war.

Im selben Augenblick, in dem Arlette die Tür öffnete und wir auf die Straße hinaustraten, öffneten sich auch alle anderen Türen entlang der Dorfstraße.

Unter Glockengeläute gingen wir Richtung Kirche und sahen bald, daß sich dort eine festlich gekleidete Menschengruppe versammelt hatte. Eine Hochzeit, man wartete auf die Braut.

Uns bot sich ein fremdartiges Bild, das mich an alte Pastellgemälde erinnerte: Alle Gäste waren lang und melancholisch dünn. Die Herren trugen creme- bis beigefarbene Leinenanzüge, die Damen wadenlange Kleider zwischen Puder und Altrosé. Romantische Strohhüte schützten ihr rötliches Haar und den blassen Teint vor der prallen südlichen Sonne. Sie gaben sich keine Mühe, ihre Nationalität zu verbergen.

»Les Anglaises!« rief Norbert, der seine Arbeit an der Straße

unterbrochen hatte und angestürmt kam, um seine Frau von der neuesten Neuigkeit zu unterrichten. Er machte mit dem Zeigefinger eine Schraubbewegung an seiner Stirn. »Stell dir vor, Arlette: Gestern haben die im Rathaus von London standesamtlich geheiratet, und heute heiraten sie im *temple* von L'Estréchure!« Norbert konnte es nicht fassen. Er rieb Daumen und Zeigefinger aufeinander, daß der Bausand zwischen seinen Fingern knirschte, und sagte: »Wer hat, der hat. Die ganze Hochzeitsgesellschaft ist von London hergeflogen!« Er betrachtete die Fremden wie Wesen von einem anderen Stern und schüttelte den Kopf: *»Les Anglaises …«*

Ich folgte seinem Blick: Da standen sie, in der wehmütigen Haltung und mit dem müden Elfenbeinteint weißen Stangenspargels am Ende des Markttags.

Plötzlich tauchte dazwischen eine kleine braungebrannte Gestalt in buntem Minirock auf. Es war Liane.

Neugierig ging ich zu ihr hin.

»Bist du mit den Engländern bekannt?« fragte ich sie.

»Mais oui!« rief sie lachend. »Das sind die Besitzer von Schloß Bussas, wo wir die *gardiens* sind!«

Dann kam die Braut. In eierschalenfarbener Spitze.

Pierres erotisches Kaninchen
Lapin à la Cévenole

1 schönes Stallkaninchen in 12 Stücke zerteilen.
Alle Teile mit Zwiebeln und Speckbröckchen in einem Bräter in heißem Öl rundherum gut anbraten. Wenn alle Teile schön goldbraun sind, sie mit Mehl bestäuben. Mit etwas Rotwein beträufeln, Lorbeer, Thymian, Salz und Pfeffer hinzufügen und 45 bis 60 Minuten schmoren lassen.
Getrocknete Steinpilze in Wasser aufkochen oder frische Steinpilze in Öl in der Pfanne braten. eine Viertelstunde vor Beendigung der Kochzeit Pilze zum Kaninchen hinzufügen.

Anmerkung von Pierre

Bitten Sie Ihren Schlachter, das Blut des Kaninchens aus der Halsschlagader für Sie aufzuheben. Wenn Sie Ihr eigenes Stallkaninchen schlachten, lassen Sie das Blut des getöteten Tieres in ein Glas rinnen (etwa ⅛ Liter) und bewahren es mit einem Schuß Essig, damit es nicht verklumpt, auf. Heben Sie ebenfalls die frische Leber auf.
Während das Kaninchen wie oben beschrieben schmort, pürieren Sie eine Knoblauchzehe, pürieren Sie ebenfalls die Kaninchenleber und geben Sie beides zum Kaninchenblut.

Mit etwas Mehl vermischen. Nach Beendigung der Schmorzeit das Kaninchenfleisch aus dem Bräter nehmen, den Bräter vom Herd nehmen und die Blutsauce unter ständigem Rühren vorsichtig mit dem Bratensatz vermischen, damit sie nicht verklumpt. Die Kaninchenteile mit der Sauce übergießen.
Mit Bandnudeln servieren.

Mondschein-Sonate

Ein lauer Wind fuhr in die Linde vorm Haus und wehte uns ihren süßlichen Duft in den Salon. Dann raffte er sich zu einer Bö auf und peitschte ein paar Zweige genau gegen die Fensterecke, aus der bereits ein Stück Glas herausgebrochen war. Es klirrte.

Die Kinder zappelten auf ihren Stühlen. Sie zankten sich, weigerten sich kreischend, ihren Grießbrei zu essen, und schoben sogar die mit mütterlicher Hingabe und mit Serges Cevennenhonig beschmierten Kastanienbrote naserümpfend von sich.

Mein Mann sagte, ich hätte den Kanister mit Merlot besser kalt stellen sollen, jetzt sei der Wein umgekippt und ungenießbar, und ich sollte ihn, bitte, zum Kochen benutzen. Ich verließ genervt den Raum, setzte mich draußen im Dunkel auf die Steintreppe zur Terrasse, fummelte eine Gauloise aus der Schachtel, die Pierre bei uns liegengelassen hatte, inhalierte und bekam einen Hustenanfall.

Der Jagdhund im Zwinger neben dem Gemeindebouleplatz antwortete mir mit einem Gebell, das ebenfalls nach nervöser Bronchitis klang. Dann vergaß er, wieder damit aufzuhören. Er begann, es mit Gejaule und kurzen, harten Anschlägen zu kombinieren, und ich wußte, er würde wieder einmal die ganze Nacht durchmachen, berauscht vom Klang seiner eigenen Stimme, bestärkt durch das Echo, das der gegenüberliegende Hügel ihm unermüdlich aus der Dunkelheit zurückwarf, und völlig unbeeindruckt von dem Leid all der Menschen, denen er eine weitere schlaflose Nacht bescheren würde.

Die Wolkendecke riß auf, und ein käsegelber Vollmond grinste hämisch auf mich herab.

Jäh unterbrach der Hund sein Gekläff. Eine mondhelle Schreckminute lang war es so still, daß ich die Forellen hören konnte, die flossenklatschend aus dem Gardon sprangen, um sich rasch ein paar Mücken zu fangen. Wie winzige Mondsicheln sah ich sie über der Wasseroberfläche aufblitzen und wieder verlöschen.

Aus der Linde schoß eine Zwergfledermaus hervor und schnappte sich dicht neben meinem Ohr den Nachtfalter, der da auf einem Mondstrahl schaukelte.

Plötzlich ein heißer Hauch in meinem Nacken. Ich blieb reglos sitzen. Ein keuchender Atem, und dann so etwas wie ein naßkalter Finger auf der Schulter. Aus dem Augenwinkel sah ich einen großen schwarzen Schatten hinter meinem Rücken. Jetzt schob er sich hechelnd vor und drehte mir sein Gesicht zu. Zwei rote Augen glühten im Mondlicht auf, und bevor ich mich wehren konnte, leckte er mir einmal quer übers Gesicht. Unser Hund wedelte freundlich und ließ sich aufseufzend neben mir auf den noch sonnenwarmen Treppenabsatz fallen.

»Glock«, sprach da die Unke im Garten, der Nachtwind blies dem Mond einen Wolkenbart ins Gesicht, und der Hund im Zwinger nahm sein Gebell wieder auf.

Im Salon schrillte das Telefon.

Ich drückte die Zigarette aus und rannte ins Haus.

Mein Mann hielt mir den Hörer hin: »Serge!«

»C'est la pleine lune!« schrie Serge. Es wäre Vollmond.

Ich sagte ihm, daß ich das bereits bemerkt hätte. *»Es-tu lunatique?* Hast du etwa schlechte Laune?« erkundigte er sich. Serge beruhigte mich. Es wäre völlig normal, an solchen Tagen und vor allem in solchen Nächten *enervée* zu sein, deshalb riefe er ja auch an, weil er nämlich eine phantastische Lösung für diese Vollmondnacht gefunden hätte: Wir sollten mit Mann und Maus sofort kommen und mit ihm einen Ausflug machen. Er wollte uns etwas Aufregendes zeigen.

Die Kinder klappten ihre Honigbrote zusammen und sausten zur Tür.

Wir trafen Serge, seine Frau und seine beiden Kinder vor dem Drittel des Châteaus, das ihm gehört, und stiegen in seinen klapprigen Citroën um.

Er fuhr uns eines der engen Gardontäler hoch.

Wolkenfetzen jagten am Mond vorbei, der inzwischen hochgestiegen war und die Landschaft so silberhell erleuchtete, daß überall scharf konturierte, bizarre Schatten lagen. Die Umrisse der Felsen am Wegrand hoben sich ab, als beugten sich schwarze Riesen vor, um uns besser sehen zu können. Ein Waldkauz segelte im Tiefflug über die Straße. Für einen Auftritt seiner Hexe Gundula hätte Walt Disney kein besseres Szenario entwerfen können.

Die Kinder kauten still an ihren Honigbroten und saßen mit weit aufgerissenen Augen da.

Serge parkte am Straßenrand, bedeutete uns, zu schweigen und hinter ihm einen Steilhang durch Ginstergestrüpp und Brombeerranken hochzuklettern.

Mein Mann nahm Frieder auf die Schulter, wo er sich festklammerte, Johanna hatte meine Hand gepackt und ließ mich keine Sekunde mehr los.

Serge ging voraus, gefolgt von seiner Familie. Plötzlich blieb er stehen, hob die Hand wie ein alter Indianer, und wir standen still. Es raschelte leise. Dann hörten wir ein geheimnisvolles Schmatzen, Röcheln und Kratzen. Serge bückte

sich, hob einen Igel hoch ins Mondlicht, die Kinder lachten erleichtert auf. Er setzte ihn wieder ab, und der Igel tippelte eilig, als hätte er nur auf uns gewartet, voraus, den Trampelpfad entlang, durch knorrige Kastanienbäume hindurch bis auf eine Lichtung, wo er in einem schwarzen Schatten untertauchte.
Vor uns standen, im Mondlicht leuchtend, etwa zwanzig weiße Kästen wie Zwergenbungalows: Bienenstöcke.
Serge, der *apiculteur*, der Bienenzüchter, erhob die Arme und flüsterte: »*C'est la messe des abeilles!* Die Messe der Bienen!«
Wir traten vorsichtig ein paar Schritte näher und hielten den Atem an. Aus den Bienenstöcken heraus klang ein vielstimmiges Raunen, ein summender Chor, der die warme Nachtluft in Vibrationen versetzte. Über der ganzen Lichtung hing Weihrauchduft.
»Das ist der Vorhonig«, erklärte Serge, »der hat diesen charakteristischen süßlichen Uringeruch.«
Jetzt, Ende August, wären die Bienen in ihre produktivste Phase eingetreten, sagte er, und bei Vollmond arbeiteten sie die ganze Nacht hindurch, um den Nektar, den sie im heißen Sonnenlicht eingesammelt hatten, in Honig umzuwandeln. Zitternd preßten sie den süßen Saft aus sich heraus, füllten ihn in die Waben und versiegelten diese mit Deckeln aus Wachs. Serge hieß mich meine Hand an die Rückseite eines Kastens legen, und ich spürte die intensive Wärmestrahlung, die diese kleinen Insekten bei ihrer Arbeit erzeugten.
Wir blieben noch eine ganze Weile andächtig stehen, gebannt von dem magischen Zauber, der seine Kraft aus Honig, Mondlicht und Bienenfleiß bezog, dann fuhren wir heim.
Als wir unsere Kinder, die im Auto eingeschlafen waren, ins

Haus trugen, konnte nicht einmal mehr das enervierende Gebell des Jagdhundes ihren Zauberschlaf stören.
Auf der Terrasse überraschten wir Mademoiselle, die als ein üppiger Geist im tiefsten Negligé ihre Reizwäsche vom Trockenständer pflückte. Sie blickte auf, so daß ihre Brillengläser im Mondschein aufleuchteten, erklärte uns, es wäre Vollmond, wünschte kichernd eine *bonne nuit* und trampelte die Treppe hinauf.
Vor ihrer Tür standen ein Anglerkorb und ein Paar riesiger Gummistiefel.
Alle Zeichen deuteten auf eine vielfältig gestörte Nachtruhe hin.
Wir aber waren so eingesponnen in die geheimnisvollen Silberfäden, mit denen der Mond uns umgarnt hatte, daß uns nichts Irdisches mehr dem Sog des Traumstroms entreißen konnte und wir berauscht in einen honigsüßen Vollmondschlaf versanken, der uns erst spät am nächsten Morgen wieder ans Ufer der Wirklichkeit spülte.

Lammkeule mit Honig
Gigot d'agneau au miel

Zutaten

(für 8–10 Personen)
1 Lammkeule
2 Knoblauchzehen
2 Eßlöffel Gewürze
(Curry, Ingwer,
Zimt, Piment, Cayenne)
2 Eßlöffel Honig
2 Eßlöffel Olivenöl
1 Eßlöffel Cognac
Salz
Pfeffer

Honig, Cognac, gehackten Knoblauch, Gewürze, Salz und Pfeffer vermischen. Die Lammkeule übergießen und mindestens eine Stunde lang in der Marinade ziehen lassen. (Sie können das Fleisch auch über Nacht im Kühlschrank marinieren.)

Den Backofen auf 220° C vorheizen. Lammkeule aus der Marinade heben und im Bräter mit dem Olivenöl und 1 Glas Wasser in den Ofen schieben. 40 Minuten braten, und immer wieder mit dem Bratensaft übergießen. Am Ende der Bratzeit die Ofentemperatur erhöhen, damit die Oberflä-

che der Keule karamelisiert. Aus dem Ofen nehmen und 15 Minuten unter einer Aluminiumfolie ruhen lassen, dann servieren.
Dazu paßt: Püree aus Karotten, aus Sellerie oder Brokkoli.

Im bittersüßen Wunderland am Ende des Tales

Ganz hinten im Tal, in »*Les Loubatiers*«, was soviel wie »Wolfshöhlen« bedeutet, wohnen Anne-Marie und Paul. Monsieur Roussel, der die heruntergekommene *ferme*, in der Maurice und seine Geschwister aufgewachsen sind, angekauft und in jahrelanger Arbeit ausgebaut hatte, hat uns bekannt gemacht.

Wie Monsieur Roussel berichtete, waren ihm Anne-Marie und Paul durch einen unglücklichen Zufall in die Hände gefallen: Eines schönen Ferientages, als er beim morgendlichen Tee saß, habe er oberhalb seines Hauses, auf der Straße von Boisserole, ein lautes »Boum!« gehört.

Er sei auf die Terrasse herausgetreten, von wo aus er klägliches Babygeschrei vernommen habe, und sofort zur Straße hochgelaufen.

Ein großer Kombiwagen war umgekippt. Anne-Marie und Paul hingen wie Fledermäuse kopfunter in ihren Sicherheitsgurten, hinten baumelte ein wenige Monate altes Baby in einer Art gepolsterter Walnußschale. Augenscheinlich war niemand verletzt.

Monsieur Roussel half allen beim Aussteigen, die Männer stellten das Auto wieder auf die Räder, und Monsieur Roussel bat die kleine Familie hinunter in sein Haus, damit sie sich von dem Schrecken ein wenig erholte. Kaum saß Anne-Marie, begann sie schluchzend und wie in Trance zu spre-

chen, und sich in düsteren Bildern auszumalen, was alles hätte geschehen können. Das Baby auf ihrem Arm brüllte.
Monsieur Roussel, der ein großer Musikliebhaber ist, wählte kurzentschlossen die Achte Sinfonie von Mahler zur Beruhigung, sprach Mutter und Kind besänftigende Worte zu und wollte sich eben daran machen, einen Tee zu kochen, als ihm Paul in den Weg sprang. Ehefrau und Kind rührten ihn nicht weiter, denn er hatte an seinem eigenen linken Zeigefinger einen Blutstropfen entdeckt. Nichts hielt ihn mehr. Nervös tänzelnd umkreiste er Monsieur Roussel, hielt den Finger senkrecht hoch in die Luft, rief außer sich *»là, regardéz, là!«* und ruhte nicht eher, als bis sich Monsieur Roussel ausschließlich um ihn und seine Verletzung gekümmert und ihn nach allen Regeln der Kunst verarztet hatte. Stöhnend sank Paul auf die nächste Chaiselongue.
Monsieur Roussel ging wieder Richtung Küche, drehte im Vorübergehen unauffällig die Sinfonie etwas lauter, aber Anne-Marie schaffte es dennoch mit letzter Kraft, ihm »keinen Tee, bitte, ich nehme keine warmen Getränke zu mir« zuzurufen.
Kopfschüttelnd verzog sich Monsieur. Schon sein Whiskey und auch sein Pastis waren abgelehnt worden. Das war ihm in dieser Region noch nie passiert. Er genehmigte sich selbst einen Bourbon, dann brachte er Paul einen Kräutertee und Anne-Marie ein Glas Himbeersirup in den Salon.
Die Achte von Mahler hatte ihre beruhigende Wirkung entfaltet, Monsieur Roussel stellte den CD-Spieler leiser. Er erfuhr nun, daß Anne-Marie ihren Führerschein machen, Paul aber das Geld für die Fahrstunden einsparen wollte und es deshalb vorzog, mit ihr privat zu üben. Als Anne-Marie aber die scharfe Kurve über Roussels Haus vor sich erblickte, da hat sie gescheut wie ein Pferd und ist lieber die Böschung hochgefahren …

Aus dieser ersten, schicksalhaften Begegnung, die mehrere Jahre zurücklag, hatte sich im Laufe der Zeit eine ebenso interessante wie komplizierte Freundschaft entwickelt.
Wir würden uns sicherlich gut verstehen, meinte Monsieur Roussel, denn auch Anne-Marie schriebe, wenn auch Dramen und Poesie, und unsere Kinder wären ja schließlich in ähnlichem Alter.

Nun bin ich mit Johanna und Friedrich zum ersten Mal bei Anne-Marie und Paul eingeladen. Oberhalb von Roussels Haus biege ich laut hupend um die gefährliche Kurve beim Schrottplatz herum, bremse kurz und genieße durch Kastanienlaub hindurch den herrlichen Blick auf L'Estréchure. Von hier oben sieht es wirklich bildschön aus: geschmeidig ins enge Tal des Gardon geschmiegt, altes Mauerwerk, aprikosenfarbene Ziegeldächer. Der Kirchturm am Anfang, die Gemeindeuhr am Ende des Dorfes. Hinterfangen von der grünbewaldeten, sinnlichen Rundung des Hügels von Poujol, hinter dem sich eine scharfe Felsenkontur gegen den blaßblauen Himmel abhebt, so merkwürdig flach, als hätte ein Riese aus ästhetischen Gründen kurzerhand noch eine Pappkulisse eingeschoben.
Während ich weiterkurve, spüre ich mit einer leisen Beklemmung, wie von links die dunklen Felsen herandrängen und mich dem Abgrund rechts bedrohlich näher bringen. Das Tal verengt sich. Die Straße führt noch über eine kleine Brücke, und dann markiert ein riesenhaftes weißgetünchtes Haus mit einem schwarz klaffenden Riß in der Mauer das Ende der zivilisierten Welt. »Düsterer Bach« lautet die Adresse, *Rive obscure.*
Ich muß noch weiter, passiere das rote Verbotsschild, schalte meinen Wagen auf Vierradantrieb und holpere den zugewucherten Zufahrtsweg hoch. Auf einer Lehmfläche, die

ganz offensichtlich in müh-, aber sparsamer Handarbeit aus dem Hang ausgehoben worden ist, parke ich. Zwei weitere Verbotsschilder warnen vor unbefugter Nutzung.
Die Sonne steht hoch und sticht wie durch ein Brennglas in diesen hintersten Winkel des Tales *»Les Loubatiers«*.
Als wir aussteigen, umfängt uns heiß drückende Stille. Die Kinder greifen nach meinen Händen. Metallisch glänzende Libellen sirren über künstlichen Teichen, aus denen der Geruch von Verwesung und Orchideen aufsteigt. Plötzlich steht, aus dem Nichts aufgetaucht, ein weißer Hund vor uns. Er kläfft böse, fletscht gräßlich die Zähne, seine Augen funkeln. Das eine ist zur Hälfte stahlblau, zur anderen braun, das andere braun mit goldenen Einsprengseln.
Die Kinder beginnen vor Schreck zu weinen. Ich wage mich weder vor noch zurück.
»Neige, Neige arrête!« ruft eine hohe Stimme vom Haus herunter.
Ich halte »Schnee« für einen ziemlich euphemistischen Namen, aber Anne-Marie tritt zu uns und versichert, das Tier sei fromm wie ein Lamm und so zart wie eine Schneeflocke. Sie lächelt uns an, indem sie spitze Eckzähne und eine Zahnlücke entblößt. Während sie vor uns auf ihr Haus, dessen hinterer Teil aus einer efeuberankten Ruine besteht, zusteuert, fallen mir ihre scheu hochgezogenen Schultern und der gebeugte Rücken auf.
Der Hauseingang liegt, wie so oft in dieser Gegend, auf der Rückseite. Neige bekommt noch einen zweiten kurzen Anfall, als wir in den Dämmer des Wohnraums eintreten, gibt sich aber geschlagen, als die schwere dunkle Holztür hinter uns ins Schloß fällt.
Meine Kinder schauen sich ängstlich um. Nach dem gleißenden Sonnenlicht müssen sich unsere Augen erst an die Dunkelheit gewöhnen, denn Anne-Marie hat alle Fen-

sterläden geschlossen. Nur eine Glühbirne verbreitet trübes Licht.
Auf einer kleinen Korbbank sitzen zwei große Puppen mit Porzellangesichtern. Schleifen sind in ihre dunklen, üppigen Locken geflochten, und um ihre Füße bauschen sich die Rüschen ihrer Kleider. Johanna streckt einen Finger aus und stupft die kleinere Puppe vorsichtig an. Da kräuseln sich ihre Lippen, und Tränen steigen ihr in die Augen.
Anne-Marie stellt uns ihre Töchter vor: »Das ist Alice, nach ›Alice im Wunderland‹ benannt, und die Große heißt Swan, was soviel wie *cygne*, Schwan, bedeutet.«
Sie nimmt die Kleine auf den Arm und trägt sie zum Kaffeetisch, auf dem ein Schokoladenkuchen, ein Korb voller Schokoladenbonbons, ein Zweiliterbehälter mit Schokoladeneis und eine Karaffe mit Himbeersirup bereitstehen.
Anne-Marie drückt der kleinen Alice ein Stück Schokolade ins Mäulchen, dessen Kräuselung sich augenblicklich glättet, und bittet uns zu Tisch. Der Schokoladenkuchen ist eine Bombe. Meine Kinder und ich legen nach dem ersten Happen die Löffel aus den Händen, und ich frage mich, ob Anne-Marie ihn als gezielte Aggression gebacken hat.
Sie selbst aber futtert unbekümmert. *»Je suis tellement douce«*, erklärt sie kokett lächelnd, und ermuntert den kleinen Schwan, ordentlich zuzulangen, wenn sie schon das Mittagessen verweigert hätte. Ihr Baby trainiert sie auf diese Sorte Ernährung, indem sie ihm immer wieder den Mund mit Schokolade stopft.
Sie bekämen nicht viel Besuch hier hinten im Tal, sagt Anne-Marie, und Paul sei auch dagegen, die Kinder in den Kindergarten zu schicken, da er sie so lange wie möglich vor den schädlichen Einflüssen der Gesellschaft bewahren möchte. Deshalb seien ihre Kinder bei Besuchern zu Anfang immer etwas scheu.

»Geh, Swan, und hol dein Spielzeug, damit du mit Joanna und Fredrisch spielen kannst.«
Swan erhebt sich artig und kehrt mit zwei gefüllten Körben zurück. Sie packt ein Puppenkind aus, das in einem Plastikstuhl auf Rollen sitzt, dreht an einem Knopf, und die Puppe beginnt durch den Raum zu fahren und »Maman, Maman« zu schreien. Dann holt sie eine kleine Lokomotive hervor, drückt auf einen Knopf, und das Ding fährt mit dem perfekten Tü-tüüt und Tsch-tschscht einer Westerneisenbahn los. Swan setzt ein Babypüppchen, das in einem Pyjama steckt und die Augen geschlossen hält, vor sich auf den Boden. Da ertönt ein Wiegenlied, zu dem das Püppchen langsam und wie traumverloren seinen Oberkörper im Kreis dreht. Und als Krönung stellt sie schließlich noch einen Weihnachtsmann vor den Kamin, der auf Knopfdruck *»merry christmas«* singt, wie ein Roboter losmarschiert und eine kleine Glocke in der Hand schüttelt.
Anne-Marie lächelt glücklich. »Wir haben noch mehr davon: Spieluhren und Clowns und ein ganzes Karussell! *J'adore ça!*«
Kaum hat Swan alles in Gang gebracht, nimmt sie wieder auf der Korbbank Platz und schaut dem Spektakel regungslos zu. Anne-Marie setzt die kleine Alice daneben.
Während beide Mädchen stillsitzen wie Puppen, führt das mechanische Spielzeug in einem Wirrwarr computergesteuerter Geräusche seinen Veitstanz auf.
Anne-Marie muß den Lärm überschreien, um mir von ihrem neuesten literarischen Vorhaben zu berichten. Etwas ganz Poetisches soll es werden: über van Gogh am Rande des Wahnsinns.
Da meine Kinder anfangen, hinter dem Spielzeug herzulaufen, es vom Boden aufzuheben und aus- und einzuschalten, so daß die Feinmechanik strapaziert wird, steht Anne-Marie

rasch auf und winkt uns, ihr zu folgen. »Wir haben auch Tiere«, sagt sie, »die werden euch sicherlich gefallen!«
Sie führt uns in ein großes Studio, vollgestellt mit Strahlern, Stativen, Fotomaterial, Reflexwänden, Wasserbecken und kleinen Metallkäfigen.
Große, schwarz-braune Nachtfalter, Skorpione, Nacktschnecken, und das niedlichste von allen: ein klitzekleiner knallroter Frosch aus dem brasilianischen Regenwald, warten in ihren Gefängnissen darauf, Paul als Fotomodell dienen zu dürfen.
Im Telefonbuch ist sein Beruf mit »Modefotograf« angegeben. Aber eigentlich ist Paul Naturfotograf, der für Lexika, Schulbücher und Zeitschriften Tiere und Pflanzen fotografiert und eigene Bücher zu Einzelthemen herausbringt. Berühmt geworden ist er mit seinem Fotoband über Orchideen.
»Da haben wir uns kennengelernt«, schwärmt Anne-Marie, »damals, auf der großen Orchideenausstellung in Paris. Als Paul Orchideen fotografieren sollte, hat er die ersten Fotos von mir gemacht!«
Ich bin mir sicher, daß Anne-Marie unter all den anderen Orchideen die exotischste Blüte war, der Paul je begegnet ist. Für sein nächstes Buch übrigens mußte Paul fleischfressende Pflanzen fotografieren. Das wäre sicherlich eine andere Liebesgeschichte geworden, aber da war er glücklicherweise schon mit Anne-Marie verheiratet.
Ein kühler Windhauch streift meinen Nacken. Paul kommt hereingeweht. Entsetzt starrt er auf die Kinderschar in seinem Fotostudio. »Geht doch alle schon mal voraus in den Salon«, sagt er schnell, »dann bringe ich euch ein schönes Abschiedsgeschenk, *bon*?«
»Soll ich euch noch Schokoladenkuchen einpacken?« fragt Anne-Marie schnell und greift zur Alufolie.

Paul überreicht meinen Kindern sein neuestes Fotobuch mit dem Titel: »Die Schnecke – Friedlicher Schläfer«. In der anderen Hand hält er eine Pappschachtel. »Und hier bekommt ihr noch eine echte *chrysalide.*« Die Schachtel rasselt trocken, als er sie bewegt.
»Das ist eine Schmetterlingspuppe«, übersetze ich meinen Kindern, nicht ahnend, daß sich die Kleinen unter einer Schmetterlingspuppe natürlich sofort eine winzige Babypuppe vorstellen würden, mit der die Schmetterlingskinder spielen. Ihre Augen leuchten voller Erwartung auf.
Paul greift in die Pappschachtel und holt eine daumendicke, fette, braunglänzende Schmetterlingspuppe hervor. Im Innern ein Insektenleben, das im Kühlschrank, neben dem Schokoladenkuchen, künstlich angehalten worden war.
Wenn wir sie bei Zimmertemperatur auf unseren Kaminsims legen, dann werde in etwa vierzehn Tagen ein Riesennachtfalter ausschlüpfen, verspricht Paul.
Als wir uns verabschieden, hat Anne-Marie ihre Wolljacke ausgezogen. Eine Narbe, dünn und schneeweiß wie eine neue Zeltschnur, zieht sich von ihrem linken Handgelenk den inneren Unterarm hoch bis in die Ellenbeuge. Das muß ein sauberer Messerschnitt gewesen sein.
Wieder zu Hause, legt Johanna die braune Schmetterlingspuppe auf den Kamin. Aber dann hält sie es vor Neugier doch nicht aus. Sie drückt auf die harte Schale und knackt die Spitze auf, noch immer in der Hoffnung, in ihrem Innern verborgen ein süßes Püppchen zu finden. Mit einem Aufschrei des Entsetzens fährt sie vor dem haarigen Hinterteil des Insektenleibes zurück.

Anne-Maries Schokoladenbombe
Gâteau au chocolat et aux amandes

Zutaten

250 g Schokolade
250 g Zucker
125 g gemahlene Mandeln
125 g Butter
4 Eier
75 g Mehl
5 Eßlöffel Wasser

Die Schokolade im Wasser schmelzen lassen, die vier Eigelb dazugeben, dann den Zucker, die weiche Butter, die gemahlenen Mandeln, das Mehl. Zuletzt den Eischnee aus den vier Eiweiß hinzufügen.
Schokoladenteigmasse in eine gut gebutterte Form geben und 45 bis 50 Minuten lang bei schwacher Hitze im Backofen backen.

Anmerkung von Anne-Marie

Ein Hauch Rum, ein wenig bitterer Kakao, mit der Schokolade vermischt, sowie einige Frühlingsblumen zur Dekoration werden diesen Kuchen in einen Traum, in eine rei-

ne Wonne verwandeln und die Seele erheitern und schön leckermäulig machen. Beim Servieren nicht vergessen: Freigebige Hände und ein Lächeln auf den Lippen!
Zubereitungszeit 10 Minuten – Backzeit 50 Minuten.

Achtung, Steinschlag!

Norbert hatte wieder einmal das kleine dreieckige Schild »*Tir de mines!*«, »Sprengarbeiten!«, fünfzig Meter vor dem Felsen, der dran glauben mußte, auf die Straße gestellt und sich daneben aufgebaut. Er fuchtelte mit dem Arm auf und ab, um mich zum Anhalten zu bewegen, als es auch schon losging. Ein Donnerschlag, und große Felsbrocken krachten auf die Straße, kleinere kollerten quer über die Fahrbahn, die rundesten schossen, wie aus Kanonen gefeuert, noch weiter und stürzten sich den Steilhang hinab in den Gardon.

Albert zündete seinen orangefarbenen Schaufelbagger und machte sich daran, die Fahrbahn zu räumen, indem er die versprengten Brocken zur Hangseite zurückschob, wo er sie dann auf riesige Kipplader hob, die sich später in ein einsames Cevennental entleeren sollten.

Norbert winkte mir einladend, und ich fuhr, noch durch den aufgewirbelten Staub hindurch, an der Sprengstelle vorbei. Albert erhob freundlich grüßend die Hand. Der relativ nonchalante Umgang mit Dynamit sei eine Form der französischen *discrétion*, hat man mir erklärt, weil man hierzulande die Autofahrer nicht unnötig beunruhigen möchte.

Als ich um zwölf Uhr denselben Weg zurück fuhr, waren die Männer des Bautrupps gerade dabei, sich für ihren Einzug ins Dorf fertig zu machen, wo sie sich bis halb drei ihrem Mittagsmahl widmen würden.

Zwanzig Meter vor mir kracht ein Felsbrocken von der Größe eines Medizinballes auf die Fahrbahn, und ich mache eine Vollbremsung. Die Männer drehen sich verwundert um. Sie spitzen die Lippen, wedeln dazu mit den Händen, und ich bin sicher, daß sie »*ouf*« sagen. Dann rufen sie mir zu: »Bravo! Glück gehabt!«
Ich blieb das ganze Mittagessen über ohne jeden Appetit.

Zweierlei Verkehrsschilder begleiten kontinuierlich den Weg des Autofahrers durch die Cevennen. Das eine warnt vor Schafen, das andere vor Steinschlag.
Während aber noch kein einziges Schaf je meine Straße gekreuzt hat, liegen Tag für Tag neue Steinbrocken auf dem Asphalt, besonders an den Stellen, wo die Straße erst kürzlich verbreitert worden ist. Denn Straßenbau, das bedeutet hier immer: Von der Steilhangseite Fels absprengen, um Fläche zu gewinnen. Im Winter, nach einigen harten Frostnächten, versperrte morgens plötzlich ein Felsblock von der Größe eines Personenwagens mit Anhänger beide Fahrbahnen. Er war nachts herabgestürzt und hatte niemandem etwas zuleide getan.
Seit dieser Zeit aber schaute ich beim Autofahren immerzu ängstlich an den malerischen Felsüberhängen und Rissen empor.
Schließlich schilderte ich Serge meine Ängste und bat ihn, ob er sich, als Mitglied des *conseil municipal*, des Gemeinderates, nicht ein wenig für die Sicherheit der Menschen auf den Straßen stark machen könnte.
Serge zuckte nur mit den Schultern. »Weißt du, wie russisches Roulett funktioniert?« fragte er mich.
Ich nickte beklommen.
»*Bon*«, fuhr er fort, »das hier ist unsere Variante: cevenolisches Roulett!«

Cevennen-Fauna

Teil I

Unser Hund zog seine linke Lefze hoch und wandte sich angewidert von der Schüssel ab, in der ein herrlicher Knochen für ihn bereitlag.
Ich begann, um Pierres Leben zu bangen. Der hatte nämlich soeben unverdrossen den Dachsschenkel, den er über Nacht *à la provençale* mariniert und dann im Backofen geschmort hatte, verspeist.
Er erhob ohne sichtbare Anzeichen einer Vergiftung sein Weinglas und trank auf meine Gesundheit: *»A ta santé!«*
Serge hatte den Dachs auf dem Weg zu Pierres Briefkasten mit seinem Postauto versehentlich erlegt, und, da die beiden befreundet sind, die Beute brüderlich geteilt: das Fleisch für Pierre, der Pelz für Serge.
»Pourquoi pas?« sagte Pierre und bohrte sich in den Zähnen. »Vielleicht ein bißchen zäh.«
Dann zündete er sich eine Gauloise an, inhalierte genießerisch den ersten Zug, zog die Augenbrauen zusammen und begann eine seiner kleinen, kulturkritischen Lebensbetrachtungen, zu der, wie gewöhnlich, die Zigarette in seinem Mundwinkel den Takt schlug.
»Pourquoi pas?« wiederholte er. *»Blaireau à la Renault.«* Dachs nach Renault-Art. Es wäre doch sowieso alles reine Konvention, was man äße und was nicht, der Dachs wäre gesund

ernährt und in derselben frischen Luft aufgewachsen wie ein Wildschwein, er hätte sein Dachsleben gelebt und hätte es sicherlich besser gehabt als so manches Stallkaninchen, und – dabei blickte Pierre mit mildem Lächeln auf unseren Hund – in China äße man sogar Hunde. Mit besonderer Vorliebe Hundebabys! *»Non? Beh – et alors?«* Nichts als bürgerliche Moral, wetterte er, verlogene Pietät.
Ich schluckte, denn ich hatte den Dachs persönlich gekannt.
Als ich kürzlich spät abends das gewundene Seitental, in dem Pierre wohnt, hochgefahren war, hatte Meister Grimbart mit einemmal leibhaftig im Licht meiner Scheinwerfer auf der Straße gestanden: den schmalen Kopf, mit seiner glatt nach hinten gekämmten Pomadenfrisur furchtsam hochgereckt, das Menjou-Bärtchen zitternd, die Augen schwarz umrandet und glänzend wie ein Stummfilmstar. Er hatte sich hastig umgedreht und war, so schnell er konnte, vor mir die Straße hochgerannt. Sehr schnell war das nicht. Ich sah sein dickes Hinterteil, das aussah, als steckte es in einer viel zu weiten Flanellhose, auf und nieder hüpfen, und war von seiner tapsigen Eleganz bezaubert.
Außerdem erinnerte mich der Dachs an meinen Patenonkel. Pierre selbst hatte mir dann die Freßspuren in seinem Garten gezeigt: eine präzise horizontale Freßlinie am Buschwerk entlang, durch Blätter, Heckenäpfel und Weinlaub, da sich der Dachs weder nach oben gereckt hatte, noch bereit gewesen war, zur Nahrungsaufnahme sein Haupt zu senken oder gar in die Knie zu gehen. Dieser Dachs war so unendlich faul gewesen, daß es an Snobismus grenzte; er fraß nur ab, was genau auf seiner Schnauzenhöhe lag.
Pierre und ich waren von einer tiefen Sympathie zu diesem Tier ergriffen worden und hatten gemeinsam und einvernehmlich über den Dachs geschmunzelt.

Und nun das. Ich warf Pierre kalten Kannibalismus vor. Pierre angelte den Dachsknochen aus dem Freßnapf, ging vor die Tür und warf ihn auf den Kompost.
»Der war doch schon tot«, sagte er, »und die Geschenke der Natur soll man nicht achtlos liegen und verkommen lassen. *Viens!*«
Ich schwieg, obwohl ich keineswegs der Ansicht war, daß ein Verkehrsopfer ein Geschenk der Natur wäre, lief aber hinter Pierre her, um zu sehen, was er zu seiner Rehabilitierung vorzuweisen hätte.
»Leise!« flüsterte er, drückte sogar seine Zigarette aus und kletterte von der Terrasse den Abhang zur Straße hinunter. Neben dem Straßengraben kauerte er sich nieder, und ich hockte mich neben ihn, konnte aber nichts Besonderes wahrnehmen. Jetzt hob Pierre vorsichtig ein unscheinbares Häufchen Heu hoch, und ich schaute direkt in die Wochenstube einer Igelin.
Sie lag in einer runden, sehr ordentlich mit Gras und Moos ausgepolsterten Mulde auf der Seite und hatte fünf winzige Igelkinder, deren Stacheln weich und weiß aussahen, an den Zitzen. Sie machte ein zischendes Schnaufgeräusch, als sie uns sah, Pierre deckte das Familienidyll schnell wieder zu, und wir entfernten uns gerührt.
Gestern erst habe er das Muttertier eigenhändig aus dem noch leeren Swimmingpool gerettet, erklärte mir Pierre und schaute mich mit treuen schwarzen Augen an, aber ich hatte ihm bereits vergeben.
»Und jetzt komm' hierher!« rief er und schlich auf Zehenspitzen zu seinem Briefkasten. Er hat keinen üblichen Kasten, sondern einen alten Bienenkorb, der, wie früher in den Cevennen üblich, aus einem ausgehöhlten Stück Kastanienstamm gefertigt ist.

Pierre öffnete das Türchen vorsichtig einen Spalt breit, äugte hinein und winkte mich zu sich.
Im Innern eine postmoderne Konstruktion aus Gräsern, mit Moos ausgefüllt, mit einer flachen Auflage aus Roßhaar abgedeckt und mit bunten Fäden, die aus einem alten Polstermöbel stammen mußten, geschmackvoll dekoriert: ein Nest. Der begabte Architekt muß sich und alles Material durch ein durchgefaultes Astloch hereinbefördert haben.
Vor Entzücken stieß ich einen spitzen Schrei aus, den mir ein kleiner Vogel von oben genervt beantwortete. Wir gingen rasch weg, um ihn bei der Vollendung seines Werkes nicht weiter zu stören.
»Weiß Serge Bescheid?« flüsterte ich Pierre aufgeregt zu.
Pierre winkte lässig ab. »*Pas de problème*, ist längst alles geregelt!« Kaum hatte Pierre den Vogel an seinem Briefkasten arbeiten sehen, hat er Serge auch schon ein Fax geschickt, um ihm mitzuteilen, daß sein Briefkasten besetzt wäre, und daß man ihm, in Anerkennung des Gastrechtes für Vögel, die Post bitte an die Haustür bringen möge.
Als wir am Komposthaufen vorbeikamen, warf ich einen letzten wehmütigen Blick auf den Dachsknochen, dann trank ich mit Pierre Versöhnung.

Teil II

Im Herbst erzählte ich Monsieur Roussel von meinen Tiererlebnissen, woraufhin er mich unverzüglich in seinen Terrassengarten führte. Auch er hätte etwas zu bieten, was sich sicherlich in eine Story einarbeiten ließe.
Von der Straße herunter führten eindeutige Indizien über die regennasse Erde auf sein Gelände: kleine Paarhufe, so sauber wie gestempelt, und dann und wann, rechts und

links, eine schmale Furche, die ein Wildschweinrüssel ins Erdreich gezogen hatte.
»*Ç'est normal*«, sagte Monsieur Roussel und winkte ab, »*mais regardez là!*« Seine Hand wies auf die Reihe völlig abgefressener und verbissener Rebstöcke, zu der die Spuren hinführten.
Maurice und seine Familie hatten hier früher Wein angebaut, der inzwischen längst verwildert war, aber noch immer prächtig trug. Dem Wildschwein schienen die Trauben geschmeckt zu haben.
»Das ist eine alte Rebsorte«, klärte mich Monsieur Roussel auf, »deren Anbau heute in ganz Frankreich verboten ist!« Diese Traube habe berauschende und halluzinogene Wirkung, noch bevor sie überhaupt vergoren sei, und falle deshalb unter das französische Drogengesetz. »Und jetzt schauen Sie sich das mal an!« Vom Weinstock weg, zum Fluß hinunter zogen sich Spuren, die mit den ersten fast nichts mehr gemein hatten: Hier vier Paarhufe, dann offenbar ein Sprung und wieder zwei, und schräg versetzt dazu noch mal zwei, dann eine Badewanne im Dreck, zwanzig Schweinsfüße dicht nebeneinander und unkoordinierte Nasenstüber überall, bis sich die Torkelspur im Gras verlief. Irgendwo dort unten, im Gebüsch am Gardon, schlief das Schwein jetzt seinen Rausch aus.
Wir wagten nicht, es zu stören.

Teil III

Seit wir in den Cevennen leben, lassen uns nicht nur Tierfilme, sondern auch Tierschauen und Zirkusnummern kalt. Das haben wir alles live vor der Haustür. Und sehr viel origineller!

Man hat hier nämlich nicht nur bemerkenswerte Begegnungen mit wilden, sondern auch mit domestizierten Tieren.
Da gibt es etwa die Schafherde von La Pradelle, die außerhalb der Saison jeden Sonntagnachmittag den Rasen des Zeltplatzes mäht, indem sich die Tiere gegenseitig auf deutsch zur Arbeit anfeuern: »Mäh! Mäh!« Anfang Juni werden sie dann mit bunten Wollbommeln geschmückt, die sie endgültig wie Schafsköpfe aussehen lassen, und im Morgengrauen in die Berge hochgetrieben. Ein erhebender Anblick.
Dann gibt es die Pferde, die immer mal wieder aus ihren Koppeln ausbrechen, um auf den engen, gewundenen Straßen spazierenzugehen. Da sie vor den Kurven nicht hupen, steht man ihnen gänzlich unvorbereitet auf der Straße gegenüber.
Und unten, dicht am Gardon, liegt ein graues Gebäude mit bröckelndem Verputz wie eingesunken in eine Wolke aus blau-violett- und rosafarbenen Hortensien. Da geht es zu wie auf Doktor Doolittles Farm.
Die Besitzer leben zwar nicht ständig da, aber weil sie aus Nîmes kommen, nur eine knappe Stunde von hier, verbringen sie jeden freien Tag in ihrem romantischen Domizil.
Zur Familie gehört Chipie, eine freundliche junge Hundedame, die weiß und drall ist wie ein gut gestopftes Weißwürstchen, eine richtige Dirndlfigur, und ein kleiner, dünner schwarzer Schnauzer. Die beiden sind unablässig gemeinsam unterwegs. Am und im Gardon liegt ihr größtes Glück. Sie springen, japsend vor Vergnügen, gemeinsam von der Betonbrücke ins Wasser und veranstalten Wettschwimmen zum Ufer.
Manchmal wird der Wettkampf auch offiziell ausgerichtet.

Dann hebt die üppige Tochter des Hauses, die im letzten Jahr bei der *fête votive* von L'Estréchure zur »Miss Cevennes« gekürt worden ist, die dicke Chipie, deren coupiertes Schwänzchen wie ein Propeller am Hinterteil rotiert, mit der einen, den dünnen Schnauzer mit der anderen Hand am Nackenfell hoch und läßt sie gleichzeitig senkrecht in den Fluß plumpsen.

Die Hunde tauchen kläffend wieder auf und kraulen eine bestimmte Strecke – nicht die kürzeste – erst unter der Brücke durch, dann um einen versenkten Baumstrunk herum, ans Ufer.

Dem Gewinner winkt nichts als ein Mädchenlachen, aber die beiden können von diesem Spiel einfach nicht genug bekommen.

Und Chipie ist sogar noch zu mehr fähig: Sie schwimmt nicht nur wie ein Fisch, sie ist auch eine leidenschaftliche Taucherin. Ihre junge Herrin muß sich mit ihr auf den Betonsteg stellen, einen Stein in den Fluß werfen, der hier an die drei Meter tief ist, und Chipie springt, taucht ab und kommt tatsächlich mit dem Stein im Maul wieder hoch. An Land schüttelt sie sich, daß der Speck um die Hüften wackelt, läßt den Stummelschwanz rotieren und sprüht vor Eifer und Glück.

Wenn dann der Cousin des jungen Mädchens zu Besuch kommt, stößt auch noch eine Graugans zur Truppe, die sich erstaunlich gut in die Familie einfügt.

Sie watschelt, den Schnabel distinguiert erhoben, hinter ihrem Herrn zum Fluß hinunter, wo er sie zu Wasser läßt und man die Badefreuden gemeinsam genießt.

Chipie und der Schnauzer halten respektvoll Distanz.

Immerhin ist die Graugans auch die einzige, die mit in die Stadt darf. Während die wilden Hunde nämlich zu Hause bleiben müssen, darf *sie* den Cousin bei seinen Einkäufen in Saint Jean du Gard begleiten. Sie watschelt artig an der Leine bei Fuß, nimmt aufmerksam und verständig nickend an seinen Konversationen teil, grüßt hierhin und dorthin und hilft in der Markthalle mit langgestrecktem Hals bei der Auswahl der Gemüse.

Heißer Ziegenkäse auf Salat
Pelardon chaud

Vorbemerkung

Dieses schnelle, aber gehaltvolle Gericht bekommen Sie in den Cevennen als Entree vor einer Hauptspeise, oder auch allein, als kleinen Snack zwischendurch, gereicht.

Zerpflücken und putzen Sie verschiedene Blattsalate und richten Sie sie auf Tellern kreisförmig an. Übergießen Sie den Salat mit einer Sauce Vinaigrette (Essig, Salz, Pfeffer, Öl, Kräuter, sehr fein geschnittene Zwiebeln nach Belieben).
Schieben Sie pro Person einen runden Ziegenkäse, in den Cevennen heißt er »Pelardon«, ca. 50 Gramm, in den vorgeheizten Backofen. Etwa 5 Minuten erhitzen, bis die äußere Schicht des Käses zu schmelzen beginnt.
Käse aus dem Ofen nehmen, aufs Salatbett legen und noch heiß servieren. Dazu Baguette.

Das Glück hinter dem Gartentor

Johanna und ich gingen über die Terrasse hinunter in den Garten der Bäckersleute, den wir immer durchqueren müssen, wenn wir in unsere Gartenzeile gelangen wollen. Üblicherweise ist das durchgerostete Gartentor mit einer Kette, die man in einen krummen Nagel am Torpfosten einhaken muß, verhängt. Heute aber war wohl jemand durch unseren Garten zum Gardon hinuntergelaufen und hatte das Tor hinter sich halb offen gelassen.

Johanna bückte sich, um einen glatten, kerzengeraden Stock, der genau auf der Schwelle lag, aufzuheben, zuckte aber augenblicklich zurück. Denn durch den Stock ging ein Beben, er zog sich zusammen, wand sich, streckte sich wieder und glitt, wie von einem unsichtbaren Faden gezogen, lautlos unter der Tür hindurch.

Der Schreck war uns in die Knochen gefahren, denn mit Schlangen kennen wir uns nicht aus, die Neugier aber trieb uns weiter.

Vorsichtig überschritten wir die Schwelle und schauten hinter die Eisentür. Da lag sie, wieder ein graubrauner Stab, in einem Bett aus grünem Klee.

Als unser Schatten sie traf, glitt sie weiter, kaum daß sich ein Kleeblatt regte, durch den Maschendraht hinüber in Norberts Garten.

Norbert kam eilig angestiefelt, wollte wissen, warum wir so

geheimnisvoll täten und was es bei uns Interessantes zu sehen gäbe.
Johanna flüsterte es ihm zu.
Da erblickte Norbert die Schlange. Er stieß einen Schrei aus, lief in großen Sätzen davon, holte hastig eine Hacke herbei und drosch auf das zierliche Tier ein.
Die Schlange zuckte und zackte im Todeskampf, ringelte sich konvulsivisch zusammen und lag endlich still.
Noch einmal hieb Norbert zu. Dann lachte er zufrieden, als hätte er soeben einen Drachen besiegt, nahm zwei Stöcke, hob den Kadaver hoch und schleuderte ihn über seinen Zaun hinweg zielsicher in den Graben am Rande unseres Gartens.
»Das war keine giftige«, sagte er, »nur eine kleine *couleuvre de Montpellier*, eine Ringelnatter«, und er machte sich wieder an seine Arbeit. Wir blickten betreten zu Boden.
Doch noch während wir in das Grün unter uns starrten, verwandelten sich Scham und Entsetzen in ein ungläubiges Staunen.
Wir knieten nieder und griffen ins volle: Der Flecken, an den uns die Schlange geführt hatte, war übersät mit vierblättrigen Kleeblättern. Wir pflückten das Glück, das hier in unserer nächsten Nähe, lange Zeit unerkannt, so üppig gediehen war, in Sträußen.
Später aber stieg Johanna in den Graben, stocherte den zerfetzten Schlangenleib hervor und bestand darauf, dem Tier unter dem Bambus am Ende unseres Gartens ein würdiges Grab zu bereiten.

Ein Schafhirte zum Diner

Nicole schlug ihre langen Beine, die in Stiefeletten mit nicht unbeträchtlichen Absätzen mündeten, übereinander.
»Aber Daniel wird es vielleicht langweilig werden«, sagte sie lächelnd, »er hat diese Geschichte bestimmt schon zwanzigmal gehört.«
Daniel ermunterte seine Frau mit lang geübter Freundlichkeit: »Das macht doch nichts, *chérie*, erzähl du nur!«
Natürlich hätte er die Story auch selbst zum besten geben können, er ist ein begnadeter Erzähler, aber in dieser Ehe besaß wohl ein jeder seine eigenen Geschichten, und diese hier gehörte zweifellos Nicole.
Sie lehnte sich also in dem messinggelben Kanapee, das wunderbar zu ihrem dunklen Teint paßte, zurück und breitete anmutig die Arme aus.
Es war das erste Mal, daß ich Nicole so aus der Nähe erlebte, und ich war hingerissen von der duftigen Leichtigkeit, mit der sie ihre achtundfünfzig Jahre, ein Leben als Ehefrau, Mutter und Malerin sowie die Last der gesamten französischen Kultur und Lebensart trug, ohne die geringsten Ermattungserscheinungen zu zeigen.
»Hört also die Geschichte von Armand«, sagte sie, »sie ist interessant und rührend zugleich!«
Daniel nickte bekräftigend. In seinen Augen glomm die Vorfreude auf eine Geschichte, die er um so mehr liebte, als er sie gut kannte, und die er nicht müde wurde, aus dem

Munde der Frau, die er ebenfalls um so mehr liebte, als er sie gut kannte, zu hören.

»Wir lernten Armand kennen, als wir L'Abric gekauft haben«, fuhr Nicole fort, »vor nunmehr fünfundzwanzig Jahren. Armand bewohnte damals das Haus direkt neben uns, das jetzt unserem Nachbarn gehört. Armand selbst hat uns seine Lebensgeschichte erzählt, und was er verschwiegen hat, das haben wir so nach und nach von den Bewohnern der umliegenden Höfe und Dörfer erfahren. Armand war in Millerines geboren und wuchs im Haus seiner Eltern, einem ansehnlichen Gehöft oben am Hang, schräg gegenüber von L'Abric, heran. Lesen und Schreiben lernte er in dem kleinen Schulhaus, das heute nur noch eine efeuberankte Ruine im Wald ist. Nach dem Willen seiner Eltern sollte er dann bei einem Maurer in die Lehre gehen. Der Junge war zunächst einverstanden. Das änderte sich aber schlagartig, als ihn die Liebe wie ein Blitzstrahl traf. Armand verliebte sich unsterblich in die Dame, die in der Villa von L'Abric lebte.«

Nicole inszenierte eine kleine, aber wirkungsvolle Pause.

»Armand war damals sechzehn Jahre alt«, fuhr sie dann fort, »die Dame war vierzig und verheiratet.«

Sie zuckte die Achseln und schaute in die Runde.

Alles nickte so beiläufig, als ereigneten sich solche Dinge jeden Tag.

Monsieur und Madame Roussel hatten Nicole und Daniel, meinen Mann und mich sowie Pierre zum Abendessen in ihr Ferienhaus eingeladen.

Nicole und Daniel waren vor wenigen Tagen erst aus Nantes angekommen, nachdem sie sich entschieden hatten, nun, da Daniel pensioniert war, ganze sechs Monate im Jahr in L'Abric zu verbringen.

Pierre, ihr *gardien*, hatte schon eine Woche zuvor eine Wagenladung voll mit Pflanzen und Gerätschaften für sie aus dem Stadthaus in Nantes in den ländlichen Weiler von L'Abric transportiert.

Carolin und Eduard reichten jetzt, ganz die wohlerzogenen Kinder des Hauses, winzige, mit heißem Roquefort gefüllte Blätterteigpastetchen herum und schenkten Pastis nach. Wir saßen noch beim Aperitif. Der Rousselsche Salon ist mit dieser unnachahmlichen französischen Mischung aus Messingleuchtern, Blumenvorhängen, halbabstrakten Gemälden, gediegenen Polstermöbeln und Antiquitäten der Region eingerichtet, die nur durch die Gunst eines speziell französischen Gottes ständig am Kitsch vorbeilaviert, um sich stilvoll und elegant zu präsentieren.

Lola verbrachte wie üblich die Ferien gemeinsam mit der Familie Roussel auf ihrem Landsitz und strich im Slalom um unsere Beine. Wäre ihr ein langes Seidenband am Schwanz befestigt worden, so hätte sie uns im Laufe dieses Abends heillos miteinander verstrickt. Ein samtweicher Sprung, und sie landete neben Nicole, die sie auf ihren Schoß hinaufzog.

»Daß die Dame verheiratet war, hielt unseren Armand natürlich nicht davon ab, ihr jahrelang den Hof zu machen«, erzählte Nicole weiter, während sie die Katze kraulte und Pierre freundlich zunickte. »Aber der arme Junge war jetzt natürlich gefesselt: Maurer werden konnte er nicht mehr, denn da hätte er ja Millerines und seine Angebetete verlassen müssen, um bei einem Meister an einem anderen Ort zu lernen! Armand verzichtete also auf seine Ausbildung und begnügte sich damit, die Schafherden von Millerines zu hüten, hier und da mitanzupacken, wo es Arbeit gab, und seinen Eltern beim Versorgen des Hofes zu helfen, um in der Nähe der Dame von L'Abric bleiben zu können.

Aber was für ein Skandal für die armen Eltern! Sie hatten sich doch so gewünscht, daß aus ihrem Armand einmal etwas Anständiges werden sollte! Und nun war ihr Sohn ein Schafhirte aus Liebe!«

Lola drückte ihr Kreuz durch wie einen Flitzebogen und entwand sich elegant Nicoles zärtlicher Hand, glitt von ihren Knien zu Boden und stolzierte zu Madame Roussel hinüber. Nicole ließ sich nicht stören.

»Immerhin hatte Armand Erfolg. Tatsächlich schaffte er es, die Dame von L'Abric zu seiner Geliebten zu machen: duftende Sträuße aus Wildkräutern, Schafsglockengeläut von der Weide, ein flatterndes Taschentuch im Fenster der Villa, Schäferstündchen, nächtliche Rendezvous, und was sonst noch so alles dazugehört. Kurzum, es wurde eine dauerhafte Liaison. 1939 aber kam der Krieg und unterbrach Ehe, Liebe und Leidenschaft, denn Armand, inzwischen Anfang Dreißig, wurde eingezogen, und der Ehemann der Dame, er wird Mitte Fünfzig gewesen sein, ebenfalls.

Entbehrungsreiche Jahre folgten, die Madame damit zubrachte, Briefe zu schreiben, Socken und Schals aus der guten einheimischen Wolle zu stricken und zusammen mit Pélardon, Rotwein, Honig und Kastanienbrot ins Feld zu schicken. Und zwar alles in doppelter Ausführung: zwei Schals, vier Paar Socken, vier Flaschen Rotwein, zwei Gläser Honig, zwei Briefe in verschiedenen Versionen, alles säuberlich getrennt und so gerecht wie möglich auf zwei Päckchen verteilt, doppeltes Porto ...«

Lola hatte auf Madame Roussel Platz genommen. Madame winkelte ihre Unterschenkel seitlich an, zog sie graziös auf den Polstersessel hinauf, neigte den Kopf in die Gegenrichtung und sah nun selbst aus wie eine Siamkatze. Nicoles Stimme begann leise zu vibrieren, obwohl sie auch den Höhepunkt ihrer Geschichte schon so oft erzählt hatte.

»Dann kam die Nachricht: Der Ehemann war gefallen. Die Dame von L'Abric schrieb umgehend an ihren jungen Geliebten ins Feld: ›Komm, Armand, komm, Geliebter, nach L'Abric, der Weg ist frei, wir werden auf immer zusammensein, ich erwarte Dich mit offenen Armen. Komm!‹
Nach Jahren, die Armand noch schmachtend in deutschen Gefängnissen ausharren mußte, kehrte er schließlich in die Cevennen zurück. Hungrig nach Heimat und Liebe. Im Haus seiner Eltern packte er unverzüglich sein Bündel und zog die paar Meter weiter hinunter ins Tal, nach L'Abric. Zu ihr!«
Nicole, seit fünfundzwanzig Jahren zumindest in den Ferien die neue Dame von L'Abric, legte ihre Hände zusammen und atmete tief durch. Ihr Mann seufzte. Mein Mann seufzte. Pierre seufzte. Ich seufzte auch. Die halbwüchsigen Roussel-Kinder lachten verlegen, Madame Roussel war auf Sammetpfoten in die Küche geschlichen, während Lola auf Pierre überwechselte. Monsieur Roussel nutzte die kleine Pause, um uns zu Tisch zu bitten.
Die Fortsetzung der Romanze hörten wir erst, nachdem die Vorspeise, die aus einer kalten Gemüserolle bestand, zu der Madame Roussel eine Sauce aus frisch pürierten Tomaten reichte, angemessen gewürdigt worden war.
»Sind Armand und seine Geliebte denn miteinander glücklich geworden?« wollte ich wissen. »Es ist ja bekanntlich nicht unproblematisch, wenn aus einer geheimen Liebschaft plötzlich eine Art Ehe wird!«
»Doch!« riefen Nicole und Daniel wie aus einem Munde, sie wären ihr Leben lang glücklich miteinander gewesen.
Armand hätte noch als Achtzigjähriger, zu der Zeit, als sie ihn kennenlernten, nur mit Tränen in den Augen von seiner Geliebten sprechen können, und da war sie bereits seit vielen Jahren tot. Geheiratet hatten die beiden zwar nie,

aber es war klar, daß sie zusammengehörten. Seine Liebe, das war Armands Leben gewesen.
Was nur in seiner Macht stand, hat er für die Dame seines Herzens getan. Er versorgte Haus und Hof, so wie es in dieser Gegend üblich war: Er hielt Hühner und Kaninchen beim Haus, errichtete oberhalb und unterhalb des Weilers mit Trockenmauern flache Terrassen im Steilhang, baute Wein an, zog Obst und Gemüse und weidete seine Schafe und Ziegen.
»Er war der letzte im Tal«, sagte Daniel, »der noch die ganze Fülle des bäuerlichen Lebens in den Cevennen gekannt hat, so wie es bis zum Krieg existierte.«
Nicoles Geschichte schien mit der glücklichen Zusammenführung der Liebenden ein vorläufiges Ende gefunden zu haben, und nun war es, während die Lammkeule aufgetragen wurde und Lola auf einem Louis-seize-Stuhl Beobachtungsposten bezog, Daniels Sache, Armands Porträt mit mehr praktischen Details anzureichern.
»Es war verblüffend«, erzählte Daniel, »mit welcher Unfehlbarkeit dieser einfache Mann, der nie im Leben ein Buch oder eine Zeitung gelesen hat und der auch von Luftdruckmessungen oder Meteorologie keinen Schimmer hatte, das Wetter vorhersagen konnte. Ihm genügte ein Blick zum Himmel, und schon konnte er an der Form und Stellung einer einzelnen Wolke, an der Farbe des Himmels, der Richtung des Windes, aber auch am Gesang der Vögel und am Verhalten seiner Schafe mit absoluter Sicherheit das Wetter bis zum übernächsten Abend vorhersagen.
Das funktionierte sogar dann, wenn alle Anzeichen gegen ihn und seine Prophezeiung sprachen, und jedermann ihn zunächst für verrückt erklärte! Wenn etwa bleigraue Wolken tief über dem Tal von Millerines hingen, überm Mont Asclier bereits die Blitze zuckten und die Frauen schon mit

eingezogenen Köpfen, die Schürzen voll Tomaten, aus den Gärten in die Häuser flüchteten.
Da konnte es durchaus sein, daß Armand als einziger im Tal seelenruhig bei seinen Schafen im Freien blieb: denn er hatte die Nase in den Wind gehalten, den Duft des Ginsterbusches gerochen, der nordwestlich von der Weide stand, und daraus geschlossen, daß gleich noch ein paar heftige Böen die Wolken kurz vor dem ersten Regentropfen über den Berg hinübertreiben würden und das Gewitter erst drüben, in Lasalle, niederginge.
Selbstverständlich kam es dann auch ganz genau so, wie er es vorhergesehen hatte. So war er, unser Armand.«
»Ja, so war er, als wir ihn kennenlernten«, ergänzte Nicole. »Seine Geliebte war fünf Jahre zuvor gestorben. Die leidenschaftliche Liebesbeziehung zu ihr hatte sich schon lange vor ihrem Tod, notgedrungen, gewandelt, da die Dame von L'Abric, bald nachdem Armand zu ihr gezogen war, krank wurde. Sie war ja immerhin fünfundzwanzig Jahre älter als Armand und schon Anfang Sechzig, als er noch immer ein junger Mann von Mitte Dreißig war. Zwanzig Jahre lang hat Armand sie gepflegt. Am Ende, als sie fünfundachtzig war und er sechzig, und als sie nichts mehr selbst tun konnte, da hat er wirklich alles für sie getan.«
»Das ist doch unglaublich, nicht wahr?« fiel Daniel ein. »So ein junger Mann, hat gelebt wie eine Krankenschwester. Die Frau, die ehemalige Geliebte, war jahrzehntelang ein Pflegefall!«
»Was für eine Liebe«, sagte Nicole, »bis zu ihrem Tod, ja über ihren Tod hinaus. Begraben hat er sie in L'Abric, auf ihrem Anwesen, das heute uns gehört. Das kleine Steinhäuschen direkt links unterhalb der Straße, das ist ihr Grab. Ihr habt es bestimmt schon gesehen. Die junge Zeder, die

Armand davor gepflanzt hat, ist heute ein zwanzig Meter hoher Baumriese.«
»Aber denkt nur«, sagte Daniel, »sie hat ihm nichts, aber auch gar nichts hinterlassen!«
Er klopfte mit dem Handrücken seiner rechten Hand immer wieder in die geöffnete Handfläche seiner linken und zog fassungslos die Schultern hoch.
»*Rien*! Der Mann, der seine Jugend, seine Kraft, sein ganzes Leben dieser Frau geopfert hat, ging nach ihrem Tod leer aus! Leer! Nichts, absolut nichts!«
»Aber, *chéri*«, warf Nicole ein, »er konnte doch weiter in dem Haus wohnen, hatte seine Gärten, seine Herden, seine Erinnerungen ...«
»Aber er war rechtlos, es gab keinen Vertrag, kein Testament, rein gar nichts. Und was nicht niet- und nagelfest war, das hat irgendein entfernter Neffe von Madame geerbt. Für Armand keinen Franc! Kein Schmuckstück, kein Gold, nichts! Nicht einmal einen alten Schrank, den er hätte verkaufen können.«
Das war nun tatsächlich eigenartig bis empörend, oder, wie sich unsere Freunde ausdrückten, *très bizarre*, da waren sich alle am Tisch einig. War die Dame womöglich undankbar gewesen, überlegten wir gemeinsam, während wir das zarte Hammelfleisch anschnitten und uns der Kartoffelgratin auf der Zunge zerging, hatte sie den armen, schlichten, fünfundzwanzig Jahre jüngeren Armand ein Leben lang ausgenutzt, ohne an sein Wohlergehen zu denken, ohne im mindesten für ihn vorzusorgen? Das war fast unvorstellbar.
Lola saß auf dem Terrakottaboden, eng an Monsieur Roussels Bein geschmiegt, und schleckte mit ihrer Marzipanzunge an einem Knochen.
Ich dachte angestrengt nach, kam aber erst bei Ziegenkäse

und grünem Salat zu dem Schluß, daß im Verhalten der Dame eine gewisse Absicht gelegen haben mußte.

»Vielleicht wollte sie, daß Armand auch nach ihrem Tod noch in dem Zustand blieb, in dem sie ihn gekannt und geliebt hatte«, wagte ich zu mutmaßen. »Vielleicht hatte sie Angst, daß sich Armand, wenn er einmal Geld haben würde, zu seinem Nachteil verändern könnte? Vielleicht hing sie zu sehr an dem geliebten Bild vom einfachen Schafhirten, als daß sie es durch Geld korrumpiert und zerstört wissen wollte?«

»Ihr Deutschen seid doch unverbesserliche Romantiker!« rief Pierre und lachte mich aus.

Aber Daniel wedelte mit dem Zeigefinger: »Nein, nein«, sagte er, »das ist gar nicht so dumm! Es war nämlich so, daß Armand, der natürlich nie und nimmer in irgendeine Versicherung eingezahlt hatte, nach einigen Jahren vom Staat Sozialhilfe bekam. Tausend Franc, etwa dreihundert Mark, pro Monat. Dieses Geld war der Anfang seines Untergangs. Noch nie im Leben hatte Armand mehr als ein paar Franc gebraucht. Alles, was er zum Leben benötigte, wuchs ja in seinem Garten oder auf seinen Weiden. Sein Leben lang hatte er nur den selbstgemachten Wein, der auf seinen Terrassen gereift war, getrunken, und der war niemals über sieben Prozent hinausgekommen. Als wir ihn kennenlernten, war er noch Tag für Tag mit seinen Schafen draußen, wanderte einmal in der Woche das Tal hinunter, eine knappe Stunde lang, nach L'Estréchure, um einen Pastis zu trinken, Bindfaden und ein Paket Nudeln einzukaufen, und dann kehrte er schnell wieder heim.

Was sollte nun dieser Mann, dem es an nichts mangelte und der noch nie im Leben Geld in der Tasche gehabt hatte, tun, als er plötzlich über die erstaunliche Summe von tausend Franc pro Monat verfügte?

Armand erstand ein Mofa und fing an, jeden Tag hinunter nach L'Estréchure zu fahren. In der *épicerie* kaufte er sich jedesmal eine Flasche Rotwein, der zwölf oder gar dreizehn Prozent hatte, und jeden zweiten Tag nahm er auch eine Flasche Pastis mit. Binnen kürzester Frist lernte Armand das Trinken. Nach ein paar Jahren hatte ihn der Alkohol zugrunde gerichtet.

Als er starb, waren wir gerade in L'Abric und konnten ihm bei seinem Begräbnis die letzte Ehre erweisen. Die Trauergemeinde war riesig.« Daniel nickte mir zu. »Vielleicht war es ja doch weise Voraussicht gewesen, daß die Dame von L'Abric ihren Armand nicht hat erben lassen.«

Diese Liebesgeschichte von L'Abric, zumal im Verbund mit Madame Roussels köstlichem Menü, blieb nicht ohne Wirkung auf die kleine Abendgesellschaft: Unsere Herzen waren erwärmt, die Blicke beseelt, und alle Stimmen hatten, während der Fall Armand noch nach sämtlichen Himmelsrichtungen hin weiter erörtert wurde und Lola von Schoß zu Schoß wanderte, einen warmen, zutraulichen Ton angenommen. Wir tranken auf Leidenschaft, Liebe und Katzen, aber auch auf die Ehe, auf Freundschaft, Völkerverständigung, die Europäische Union und auf Madame Roussel, die die ofenfrische, dampfende Apfeltarte auftrug.

Nur wegen Lola war ich ein klein wenig verstimmt, weil sie den ganzen Abend über weder auf meinen noch auf den Schoß meines Mannes gekommen war. Ich entschloß mich jedoch, es nicht ihrem Chauvinismus, sondern allein der Tatsache zuzuschreiben, daß wir wahrscheinlich für die Nase einer Siamkatze allzusehr nach Hund rochen.

Nach dem Kaffee verabschiedeten wir uns auf der Terrasse, während Lola als Scherenschnitt in der erleuchteten Haustür sitzen blieb.

Madame Roussel küßte meinen Mann dreimal, wie es in den Tälern der Cevennen der Brauch ist, ich küßte den ihren ebenfalls dreimal, Nicole küßte meinen dreimal, ich küßte ihren dreimal, Madame Roussel küßte Nicoles Mann dreimal und Nicole den von Madame Roussel dreimal, und Pierre küßte jeden Anwesenden und jede Anwesende je dreimal.

Als wir endlich auseinandergingen, nahmen wir uns vor, in den nächsten Tagen einmal Armands Grab zu besuchen.

»*Oui, oui*, auf dem Friedhof von L'Estréchure«, sagte Nicole im Weggehen. »Oben, bei der Kapelle von Saint Martin au Corconac liegt er!«

Kurz bevor sie, Arm in Arm mit Daniel, Pierre im Gefolge, bei ihrem Jeep angekommen war, drehte sie sich noch einmal um. »Hilaire steht auf dem Grabstein!« rief sie. »Armand Hilaire!«

Lola hatte sich bereits zurückgezogen.

Madame Roussels Abendmenü

besonders delikat in Kombination
mit romantischen Liebesgeschichten:

Aperitif

Pastis
dazu werden gereicht
Salzgebäck, Salznüsse und
frisch aus dem Ofen Blätterteigpastetchen
mit heißem Roquefort gefüllt

Entrée

Kalte Gemüserolle
(Mohrrübenscheiben, Zuckererbsen, Spinat
mit einer kalten Sauce
aus frisch pürierten Tomaten)

Hauptgericht

Gigot d'Agneau, Lammkeule,
in Scheiben serviert,
dazu:
Kartoffelgratin

Käseplatte

(Pelardon-Ziegenkäse, Roquefort)
dazu Romana-Salat
mit einer kräftigen Vinaigrette

Dessert

Apfeltarte,
mit einem kandierten Überzug,
noch heiß serviert

Kaffee ohne Koffein
oder eine »Infusion« aus Verveine (Eisenkraut)

Getränke

Zum Lamm Rotwein der Region
zu Käse und Dessert ein leichter Rosé

Zum Abschied

zweiundsiebzig Wangenküsse

Marie-Annicks karamelisierte Apfeltarte
Tarte Tatin

Zutaten

150 g in Stücke geschnittene Margarine
150 g Mehl, etwas Wasser
2 kg Äpfel, 12 Stücke Würfelzucker
Butter, Zucker

Mit den Fingerspitzen die Margarine mit dem Mehl vermischen. Wenn alles eingearbeitet ist, so viel Wasser dazugeben, daß ein geschmeidiger Teig entsteht. Daraus eine Kugel formen und 1 Stunde ruhen lassen.
Die Äpfel schälen und vierteln.
Lassen Sie die 12 Würfelzucker in einer Pfanne mit etwas Butter karamelisieren, bis dunkelblonder Karamel entstanden ist. Gießen Sie den Karamel in eine flache Kuchenform. Verteilen Sie darauf die Apfelstücke. Geben Sie Butterflöckchen auf die Äpfel und bestäuben Sie sie mit Zucker. Rollen Sie den Teig aus, bis Sie einen Kreis haben, der etwas größer ist als Ihre Kuchenform. Decken Sie den Teig über die Äpfel und drücken Sie den Teigrand gut nach unten fest.
Backen Sie den Kuchen bei mittlerer Hitze (ca. 160°) eine gute Stunde lang.
Stürzen Sie den Kuchen zum Servieren vorsichtig auf eine Platte, so daß die karamelisierte Seite oben liegt.

Irrungen und Wirrungen im Bambuswald

Eine Geschichte für Günther

Ich saß vor meinem Kassettenrecorder im Salon und hörte die Kopie der Radiosendung ab, die ich über die Cevennen geschrieben hatte. Plötzlich durchzuckte mich heiße Wut. Denn Günther, der Regisseur, der das Manuskript ansonsten mit viel Einfühlung für den Hörfunk produziert hatte, hat, ohne nachzufragen, an einer Stelle das Wort »Bambus« einfach aus meinem Text gestrichen und durch »Schilf« ersetzt!

Es mag ihm wohl merkwürdig vorgekommen sein, daß in den Cevennen neben Eßkastanien, Steineiche und Ginster in fast jedem Garten neben Iris und Kirschbaum und auch neben Weide und Farn am Ufer des Gardon tatsächlich solch ein exotisches Gewächs wie *Bambus* gedeihen soll.

Er wird es für seine moralische Pflicht gehalten haben, die vermeintliche Fehlinformation umgehend zu verbessern, bevor sie über den Äther ging und die deutsche Öffentlichkeit in die Irre führen konnte. Falsch gedacht!

Außerdem, mein lieber Günther, wächst Schilf nur um ruhige Gewässer, liebt Sumpfwiesen und Moore, nicht aber eher trockene Gärten oder ein so junges und launisches Flüßchen, wie es der Gardon ist! Und Schilf ist zwar ebenfalls eine hochwüchsige Grasgattung, existiert aber nur in einer

einzigen mitteleuropäischen Art namens Rohr, Reet oder Ried, während der Bambus (malaiisch bambu, lateinisch bambusa), ein malaiisches Gras mit etwa hundertfünfzig Arten ist, das fast überall gedeiht!
Stellvertretend für den verkannten *bambus*, war ich beleidigt, schaltete den Apparat wutschnaubend ab und überlegte, ob ich sofort in Deutschland im Funkhaus anrufen und mich an höherer Stelle beschweren sollte.
Statt zum Telefon griff ich dann aber zu Papier, um hiermit den Cevennen-*Bambus* zu rehabilitieren und seine herausragende Bedeutung (bis zu fünfundzwanzig Meter), insbesondere für die Beziehungen zwischen China und Deutschland ein für allemal und für Günther im speziellen, in schriftlicher Form darzulegen.

Zu diesem Behufe müssen wir hinüber nach Deutschland und zurück auf das Jahr 1980 blicken. Das größte Medienereignis dieses Jahres bestand in einem Staatsgeschenk, das der chinesische Ministerpräsident Huang Chuo Feng dem damals amtierenden Bundeskanzler Helmut Schmidt überreicht hatte: Bao-Bao und Tien-Tien, zwei Exemplare jener bedrohten Tierart, der es, wie keiner anderen, mit ihrem kindlichen Liebreiz gelingt, selbst den verhärmtesten Seelen noch zärtliche Gefühle zu entlocken: Pandabären.
Helmut Schmidts Gefühle kamen, wenn überhaupt, erst mit einiger Verzögerung in Wallung, denn er erhielt die Pandabären zunächst rein symbolisch, in Form einer Urkunde. Der Umzug dieser kostbaren Tiere aus China nach Deutschland mußte schließlich noch auf das sorgfältigste vorbereitet werden.
Am Kanzler lag es, zu entscheiden, wem er die Bären weiterschenken wollte. Er entschied sich für den Zoologischen Garten in Berlin. Dort war man von der Aussicht, bald zu

den ganz wenigen Zoos auf der Welt zu gehören, die Pandabären zeigen und womöglich sogar nachzüchten können, begeistert. Ob man sich zu diesem Zeitpunkt allerdings bereits in allen Einzelheiten darüber im klaren war, wie delikat diese schwarzweißen Herzensbrecher sind, ist nicht bekannt. Der Zoo begann mit den Vorbereitungsarbeiten.
Zwei geeignete Gehege mußten gebaut werden, weil Pandas, außer in den Phasen der Liebe, lieber für sich sind, und vor allem mußte man die Ernährung der Tiere sicherstellen. Pandabären, darum auch Bambus-Bären genannt, leben fast ausschließlich von Bambusblättern. Da jeder Bär täglich fünfzehn zwei bis vier Meter lange Bambushalme kahlfrißt, mußte also eine Bambusquelle gefunden werden, die nicht so schnell versiegte.
Der damalige Zoodirektor beauftragte die Berliner Fruchtfirma, die den Zoo bereits mit Bananen, Äpfeln und Mangos aus aller Welt belieferte, sich nun auch um die Beschaffung von Bambus zu bemühen.
Man hatte zunächst überlegt, das Riesengras aus dem Tschad zu importieren, aber das wäre auf die Dauer doch zu teuer geworden. Glücklicherweise entpuppte sich der Berliner Fruchtimporteur als außergewöhnlich findig.
»Ich habe damals mein Schulwissen zusammengeklaubt«, erzählte er mir am Telefon. »Ich habe mich gefragt: Wo wächst wohl so ein Gras? Und habe mir gesagt, natürlich dort, wo es warm und sumpfig ist!«
Ihm sei deshalb gleich die Camargue eingefallen, da er in dieser Ecke von Südfrankreich schon seit langem seine Händler hätte, von denen er regelmäßig Obst und Gemüse bezöge.
»Ich hängte mich also sofort ans Telefon«, berichtete er weiter, »ich rief meinen Spargellieferanten da unten an und erklärte ihm mein Problem.«

»Pas de problème!« hätte der gesagt, dreißig Kilometer von ihm entfernt, in Anduze, läge nämlich die größte und einzige Bambuszucht Europas, »La Bambouseraie«.

Der Gewürzhändler Eugène Mazel hatte sich mit seinem im Asienhandel erworbenen Vermögen im Département Gard niedergelassen, um hier, im Jahre 1856, seinen Traum von einem riesigen chinesischen Paradiesgarten zu verwirklichen. Er importierte Bambus und andere exotische Pflanzen wie japanische Kakipflaumen und chinesische Palmen und machte sie in Südfrankreich heimisch.
Nach seinem finanziellen Ruin sollte das fünfzig Hektar große Gelände wieder landwirtschaftlicher Nutzung zugeführt werden, aber da sich das Wurzelwerk des Bambus bereits das gesamte unterirdische Erdreich erobert hatte, hatten die heimischen Nutzpflanzen keine Chance mehr. Der Bambus war nicht mehr auszurotten.
Spätere Besitzer des Landgutes machten dann aus der Not eine Tugend und gründeten eine regelrechte Bambuszucht, die heute die einzige ihrer Art in ganz Europa ist.

Heute wäre das ehemalige Gelände Mazels auch eine Touristenattraktion, hatte der Spargelhändler dem Fruchtimporteur erzählt, ein riesiger exotischer Park mit so viel Bambus, der ständig nachgezüchtet würde, daß selbst der gefräßigste Pandabär ihm nicht den Garaus machen könnte. Er hätte dann weitergeforscht, sagte der Importeur, und erfahren, daß es einhundertfünfzig verschiedene Bambusarten gäbe, von denen die Bambusbären aber nur eine Auswahl von zwölf Sorten akzeptierten.
Mit einer Liste von zwölf schwer zu buchstabierenden lateinischen Namen hätte er dann bei Monsieur Yves Crouzet, dem heutigen Leiter der »Bambouseraie«, angerufen. Der

hatte *naturellement* alle gewünschten Sorten ständig vorrätig. Damit war sichergestellt, daß die Pandas nicht nur ausreichend Futter, sondern sogar die wünschenswerte Abwechslung auf ihrem Speiseplan haben würden, und er allein hatte, dank seiner hervorragenden deutsch-französischen Beziehungen, in nur zehn Minuten das Problem der Futterbeschaffung für ein chinesisches Staatsgeschenk ein für allemal gelöst und der Bundesrepublik Deutschland einen großen (Bären-)Dienst erwiesen!

Um im Notfall ein paar Tage überbrücken zu können, wurden nun auch an allen Ecken und Enden des Berliner Zoos winterfeste Bambusstauden aus Anduze gepflanzt, und sogar im Grunewald legte man eine Bambusplantage mit Setzlingen aus der »Bambouseraie« an. Für eine ständige Futterversorgung würden diese Pflanzungen allerdings nicht ausreichen, da der Bambus im deutschen Klima zu langsam wächst.

Ein Kühlhaus wurde gebaut, in dem die Bambushalme aus Anduze bei einer Temperatur von +2 Grad Celsius und einer Luftfeuchtigkeit von fast hundert Prozent gelagert werden können. Die Pandas weisen nämlich jeden Halm, dessen Blätter sich an den Spitzen auch nur leicht einrollen oder verfärben, brüsk von sich. Im feuchten Kühlhaus läßt sich das Eintrocknen etwa vierzehn Tage lang hinauszögern.

Ist die Frische-Frist aber verstrichen, muß der Berliner Fruchtimporteur wieder in der »Bambouseraie« anrufen: »Bereiten Sie das Futter vor, Monsieur Crouzet, wir kommen ...«

Er bestellt eine neue Ladung von siebenhundert Kilo Bambusstangen, und ein Kühltransporter schafft das ganze Grünzeug nach Berlin.

Als endlich alles gebaut und geklärt und abgesichert war, kamen Bao-Bao und Tien-Tien angereist. Ohne auch nur mit der Wimper zu zucken, fraßen die Bären den europäischen Bambus aus Anduze, was sicherlich für seine hervorragende Qualität spricht.

Für die erste Zeit hatte ihnen ihre Regierung zwei chinesische Tierpfleger als Begleitung mitgegeben, die noch in Berlin blieben, um den Pandas den kulturellen Übergang zu erleichtern und um ihre deutschen Kollegen in den korrekten Umgang mit chinesischen Bambusbären einzuweisen.

»Wieder erhielt ich einen Anruf vom Zoo«, erzählte der Fruchtimporteur. »Die chinesischen Wärter hatten höflich angedeutet, daß es den beiden Bären angenehm wäre, wenn sie gelegentlich zum Nachtisch ein wenig Zuckerrohr zum Knabbern hätten. Ob ich das, da es ja mit dem Bambus schon so gut geklappt hatte, nicht auch organisieren könnte?«

Der Anruf hätte ihn früh am Morgen überrascht, als er gerade mit einem Kumpel vom KdW, dem »Kaufhaus des Westens«, im Büro beim Kaffee saß. Er hätte seinen Kumpel angeschaut, und da wäre ihm plötzlich eingefallen, daß er irgendwann einmal in der Lebensmittelabteilung des KdW Zuckerrohr gesehen hatte. Der Kumpel schloß sich umgehend mit dem KdW kurz, und man bestellte ein paar Kilo Zuckerrohr zusätzlich, für den Zoo. »Seither beliefern wir die chinesischen Pandas in Berlin mit dem Zuckerrohr aus der Lebensmittelabteilung des KdW und mit dem Bambus aus der Camargue«, schloß der Fruchtimporteur seinen Bericht.

Ich hatte mich also nicht verhört: »Camargue«, hatte er, jetzt schon zum zweitenmal, gesagt.

»Aus den Cevennen!« sagte ich.

»Wie bitte?«
»Cevennen.«
»Was ist denn das?«
»So heißt die Gegend, aus der der Bambus kommt.«
»Also, der Bambus, den ich beschafft habe, der kam immer aus Anduze in der Camargue.«
»Anduze liegt aber in den Cevennen.«
»Nie gehört. Cevennen heißt das?«
»Ja, dafür kann ich garantieren. Ich war erst letzte Woche in der ›Bambouseraie‹ bei Anduze in den Cevennen.«
»So, so, ist ja seltsam«, sagte er, »aber man lernt nie aus. Das machen immer meine Spediteure, wissen Sie. Ich selbst war noch nie da unten. Ist das auch so ein flaches, sumpfiges Naßgebiet wie die Camargue?«
»Nein, ist es nicht«, antwortete ich, während ein schrecklicher Verdacht in mir aufkeimte. »Die Cevennen sind ziemlich bergig, in den Hochebenen ist es ziemlich trocken, und der Gardon ist ein ziemlich quirliger Fluß.«
»Und in so einer Gegend soll Bambus gedeihen?«
Ich holte tief Luft, denn ich hatte verstanden.
»Ich glaube, mein Herr, Sie meinen wohl Schilf!« sagte ich.
»Ist doch fast dasselbe«, sagte er, »oder?«

Ja, lieber Günther, fast!
Nur fast!

Bambussprossen-Rezepte aus der Bambouseraie Recettes de Pousses de Bambou

Für dieses Rezept brauchen Sie frische Bambussprossen. Wenn Sie einen Bambus im Garten haben, werden Sie die kräftigen fleischigen Triebe, die er besonders im Frühjahr unerbittlich durch die Erde ans Licht bohrt, kennen. Wie ich in der Bambouseraie bei Anduze erfahren habe, sind diese Sprossen eßbar, eine Bereicherung für den europäischen Speisezettel und sehr viel schmackhafter als die Bambussprossen aus der Dose.
Herzlichen Dank an die Bambouseraie für folgende Rezepte:

Geben Sie die frischen Bambussprossen, noch in ihrer Keimhülle, in einen Topf mit kaltem Wasser (3 Liter für 1 kg Sprossen). Pro Liter Wasser drei Zuckerstückchen hinzufügen. 1 bis 1½ Stunde lang kochen, dann die Bambussprossen mit kaltem Wasser abschrecken, bevor Sie die Hüllen entfernen. Verwenden Sie nur die zarten und ganz weißen Teile. Diese werden nach Belieben in runde Scheiben oder, der Länge nach, in Streifen geschnitten
Die so gekochten Bambussprossen können folgendermaßen weiterverwendet werden:

1. **als Salat** mit Öl, Essig, Sojasauce, Senf und Salz. Sehr gut passen dazu Krabben, aber auch harte Eier, Tomaten ...
2. **als Fritüre,** in einer Pfanne fritiert, dann mit einer Persillade (Knoblauch und Persil) überstreut.
3. **als Gemüsebeilage** zu Fleisch in Sauce oder zu Fisch.

Die Glocken von L'Estréchure

Zweiundvierzigmal. Und das um Mitternacht. Mein Mann hat mitgezählt, und Jean-Claude hat es uns am nächsten Morgen bestätigt: Die Gemeindeuhr von L'Estréchure war wieder einmal durchgedreht.

Letzten Sommer hätte sie es schon einmal auf sechsunddreißig Schläge gebracht, meinte Jean-Claude, aber zweiundvierzig, das wäre ein neuer Rekord.

Jean-Claude muß es wissen, weil er hier geboren ist und weil die Pflege der Gemeindeuhr zu seinen Aufgaben als Gemeindearbeiter zählt.

»Und woher kommt es, daß die Glocke statt zwölfmal zweiundvierzigmal schlägt?« fragte ich ihn.

»Elle est vieille«, sie wäre eben schon alt, antwortete Jean-Claude und lächelte das zärtlichste Lächeln, das ich je an ihm gesehen habe. Ein paar Zähne hätte sie bereits eingebüßt in ihrem Räderwerk, und da liefe sie eben manchmal einfach weiter und läutete und läutete, bis die Zahnräder wieder was zum Festbeißen gefunden hätten.

Im Unterschied zu den meisten hiesigen Gemeinden verfügt L'Estréchure über den Luxus zweier Glocken!

Die eine Glocke ist kirchlicher Natur und hängt in einem kleinen gemauerten Aufsatz auf dem Dach des *temple.* Sie wird nur geläutet, wenn es einen *culte,* also einen Gottesdienst, eine Hochzeit oder eine Todesfeier gibt. An der

Glockenschnur zieht immer das Gemeindemitglied, das gerade das Amt des Kirchendieners versieht. Der Klang dieser geistlichen Glocke ist ausgesprochen schüchtern, ein winziges Bimmeln nur, das kaum eine Minute andauert. Wird jeden dritten Sonntag in L'Estréchure zum *culte* geläutet, dann klingt es immer so, als wolle man zwar mitteilen, daß man noch da sei, als befürchte man aber zugleich, irgend jemandem mit seiner Gegenwart zur Last zu fallen. Die weltliche Glocke am anderen Ende des Dorfes, die zur Gemeindeuhr gehört, wirkt daneben geradezu präpotent. Ihr obliegt die Aufgabe, jede volle Stunde die Stundenzahl zu schlagen und sie nach einer Minute, für diejenigen, die nicht aufgepaßt haben oder die sich verzählt haben, noch einmal zu wiederholen. Jede halbe Stunde markiert sie mit einem einzelnen Glockenschlag. Und, wie oben beschrieben, verliert sie manchmal die Selbstbeherrschung, gerät außer Rand und Band und läutet in einem fort. Trotz ihrer Charakterunterschiede aber gehören die beiden Glocken zusammen: zwei gemeinsam gealterte Schwestern, von denen die Robustere die Führung übernommen hat und die Sensiblere immer ein wenig unter dem Daumen hält.

Die Gemeindeuhr stammt aus der Großstadt, aus Nantes, und ist nach dem Krieg von einem emigrierten Gemeindemitglied seinem Heimatdorf gestiftet worden. Man hat die Uhr damals, in Ermangelung eines Turmes, am Dorfausgang auf ein schmalbrüstiges Haus montiert, das nur aus zwei kleinen übereinanderliegenden Zimmern bestand, und bis zu diesem Zeitpunkt stets von einer alleinstehenden Person bewohnt worden war. Seither nun dient das Häuschen als Untersatz für die Gemeindeuhr: Im oberen Stockwerk steht das Uhrwerk, das seine Gewichte, eines für die Zeiger, eines für die Glocke, durch ein Loch in der ehemaligen Zimmerdecke in den unteren Raum hinunterhängen läßt.

Alle acht Tage steigt Jean-Claude die Leiter ins obere Stockwerk hoch und zieht die Uhr mit einer Handkurbel wieder auf. Will er die Zeiger richten, was oft nötig ist, so muß er nach außen steigen und in einem waghalsigen Akt mit Hilfe eines Stockes die Zeiger auf dem Zifferblatt drehen.

Bis vor vier Jahren hätte sie gar nicht mehr funktioniert, erzählt mir Jean-Claude, aber der Gemeinderat wäre nicht bereit gewesen, Geld für die Reparatur der Gemeindeuhr auszugeben. Da hätte sich das Festkomitee von L'Estréchure, das sich sonst hauptsächlich um die Organisation der jährlichen *fête votive* kümmert, ein Herz gefaßt und aus eigenen Mitteln einen Uhrmacher aus Nantes kommen lassen, der die Gemeindeuhr von L'Estréchure endlich wieder zum Laufen gebracht hat.

Daß die Uhr nun ihre Marotten hat, nicht mehr ganz richtig tickt und dem gesamten Dorf zuweilen sogar den Schlaf raubt, das nimmt man hier einfach hin. Man lebt mit ihr wie mit einer ältlichen Tante, die im Alter zwar eine ziemliche Nervensäge geworden ist, die man aber dennoch oder gerade deshalb von Herzen liebt.

Hundefest und Sinnkrise in Saint Jean

Metallisches Hämmern hallte vom jenseitigen Ufer herüber, und zwischen dem Grün der Bäume blitzten Eisenstangen neben schwarzweiß gestreiften Zeltbahnen.
Seit Wochen schon hingen Transparente über sämtlichen drei Straßen von Saint Jean du Gard, die auf das größte Ereignis der Sommersaison hinwiesen: *»4ème Fête du Chien«*.
Als wir unseren Kindern erklärten, was da geschrieben stand, waren sie nicht mehr davon abzubringen, daß »Hundefest« nur bedeuten konnte, es würde ein Fest für die Hunde von Saint Jean du Gard veranstaltet. Sobald sie irgendwo einen Köter sahen, stellten sie nun gemeinsam Mutmaßungen darüber an, ob er wohl zugelassen würde oder nicht. Ich hatte ihnen nämlich gesagt, die »Fête du Chien« wäre nur etwas für *chiens de race.* Die Kinder fanden diese Bevorzugung unfair, da auch unser Hund der Lustbarkeit würde fernbleiben müssen, und bemitleideten jeden Bastard.
Ich konnte sie damit trösten, daß wir den unsrigen, wenn schon nicht als aktiven Teilnehmer, so doch wenigstens als Besucher und Bewunderer seiner edleren Kollegen mitnehmen könnten.
Es kam jedoch alles ganz anders: Am 24. Juli war es schon um acht Uhr morgens so heiß, daß Jackson, unser schwarzer

langhaariger Schäferhund-Berner-Sennen-Mischling, selbst nach mehrmaliger Aufforderung aufzustehen, wie ein eingefärbter Flokati flach auf den Fliesen des Salons liegenblieb. Vorne ließ er die pinkfarbene Zunge in ganzer Länge heraushängen, und seine Schenkel hielt er wie ein Frosch gespreizt, um seinem Bauch möglichst breitflächig Kühlung zu verschaffen. Er sah nicht gerade unternehmungslustig aus. Sein kleiner Morgenspaziergang hatte ihn so geschafft, daß er sogar zum Frühstücken zu schlapp war.

Die Kinder baten ihn inständig, doch zum Hundefest mitzukommen, aber er verneinte stöhnend. Er hatte ja so recht: Es sollte einer der heißesten Tage des Jahres werden. Als wir gegen neun Uhr in Saint Jean ankamen, brütete das Städtchen schon vor sich hin, und die Anwesenheit von Hunderten von Hunden, die in Käfigen aus Eisenstangen und Maschendraht neben den Sportanlagen am Flußufer campierten, verbesserte nicht gerade die Qualität der Atemluft.

Eine Männerstimme dröhnte durch den Lautsprecher, überschlug sich fast vor Begeisterung, der Sinn des Gesagten blieb mir jedoch verborgen. Wir zahlten die fünfzehn Franc für das *billet d'entrée* und betraten das Gelände der »4ème Fête du Chien«. Es dauerte lange, bis wir zum offiziellen Zentrum des Geschehens vorgedrungen waren, da der Weg dorthin mit zahllosen Verführungen, die nicht hinter Maschendraht verschanzt blieben, gepflastert war.

Hier, im Vorfeld, saßen etwas zweifelhafte Gestalten, Männer wie Frauen, an Klapptischen hinter Kisten und Käfigen, und es hatte den Anschein, als wären sie ganz darein vertieft, ihr morgendliches *goûter* zu sich zu nehmen, das man hier ebenso ernst und pünktlich einnimmt wie die Hauptmahlzeiten. Kaum aber hatten sie aus den Augenwinkeln unsere Kinder erspäht, waren sie auch schon auf den Beinen. Ein

niedlicher Welpe nach dem anderen wurde dem Knäuel seiner Brüder und Schwestern entwunden und aus seinem unschuldigen Morgenschlaf gerissen. Man setzte ihn, noch kaum seiner Sinne mächtig, auf einen Kasten, zog ihm den müden Kopf in die Höhe und kraulte ihn ostentativ: »*Venez les enfantes, oui, oui, touchez, touchez! Il est sage, il est beau!*«
Kinder sind mindestens so anfällig für Jungtiere wie kinderlose ältere Damen. Die erziehungsberechtigte Mutter aber wurde keines Blickes gewürdigt. Erst nachdem der Hundeverkäufer jedem Kind einen Welpen fest in den Arm gedrückt hatte, trat er dicht an mich heran und deutete tief bewegt auf diesen rührenden Anblick.
»Was für reizende Kinder, Madame! Und so geschickt mit den Hunden! Sehr tierliebe Kinder, *n'est-ce pas?*«
Seine Hunde wären ihrerseits ganz ungewöhnlich kinderlieb, ja es wären regelrechte *chiens d'enfants*, sagte er, ganz so, als handelte es sich dabei um eine besonders seltene Rasse, und – im Vertrauen – entwurmt hätte er sie auch schon.
Den ganzen Weg entlang, wir brauchten dafür über eine Stunde in der prallen Sonne, lernten wir nun ausschließlich kinderliebe, für das Familienleben geradezu prädestinierte und entwurmte Welpen kennen.
Immerhin durchschaute ich an dieser Stelle der Fête du Chien noch ihren Sinn: Es ging hier einfach darum, möglichst viele Welpen zweifelhafter Herkunft an den Mann zu bringen.
Fast hatten wir es geschafft: Nur noch drei Schritte trennten uns von den Plastikplanen, die den offiziellen Bereich des Festes überspannten.
»Teddys!« schrie meine Tochter, und ich wußte, daß jeder Widerstand zwecklos sein würde: Drei winzige plüschige Dinger lagen im gleißenden Sonnenlicht in ihrem

Körbchen. Sie trugen Baskenmützen, die keß, ein wenig schräg, auf ihren Köpfen saßen und in die zwei Öffnungen eingearbeitet waren, aus denen die Ohren herausragten. Die dazugehörige junge Dame trug die gleiche Baskenmütze, etwas größer und ohne Ohröffnungen. Sie sprang von ihrem Klappstuhl auf und konzentrierte sich intensiv auf die Pflege ihrer Welpen. Wieder und wieder strich sie hingebungsvoll mit einer rosafarbenen Babybürste über die weichen Locken ihrer Lieblinge, um dann, als Johanna nahe genug stand, überrascht den Blick zu heben und dem Kind die Bürste zu reichen. »Willst du auch einmal? *Il sont sages, il sont beaux!*« Ein zweites Bürstchen, hellblau, glitt in Friedrichs Hand, und ich erfuhr, nachdem mich die Dame auf den entzückenden Anblick hingewiesen hatte, den meine Kinder im Spiel mit ihren Hunden boten, daß es sich bei diesen Tieren um eine ganz außerordentlich kinderliebe Rasse handelte, ja man könnte fast sagen, es wären reinrassige *chiens d'enfants.* »Und – Madame«, sie senkte ein wenig die Stimme, »entwurmt sind sie auch schon.«

Ich entriß zwei heulende Kinder dem Ort ihrer Seligkeit und zerrte sie in den Schatten. Daß es hier endlich um ernsthaftere Dinge als um lebendige Kuscheltiere gehen würde, war gleich zu erkennen.

Ein ausgewachsener Jagdhund stand in einem niedrigen Verhau und musterte jeden, der vorbeiging, mit seiner erhobenen Nase, die trotz der Hitze gesund, frisch und feucht glänzte. Über seinem Zwinger war ein Porträtfoto angebracht, das ihn in voller Größe mit prangender Männlichkeit im Profil zeigte: Darunter stand geschrieben, dieser stattliche Rüde wäre hervorragend zur *fécondation* geeignet, und man könnte ihn zu diesem Zwecke anmieten. Kosten auf Anfrage, Telefonnummer. Das Arrangement hatte

große Ähnlichkeit mit den Plakaten entlang der Straße nach Alès, auf denen Mädchen mit feuchten Lippen abgebildet sind, die nichts auf der Haut tragen als ihre Telefonnummer.
»Da steht ein Pferd«, sagte Friedrich, und er hatte recht, obwohl das für ein Hundefest doch ein wenig verwunderlich war, und ich stellte mir hier zum erstenmal ernsthaft die Sinnfrage.
Wohl einzig und allein, um die Sache etwas malerischer zu gestalten, hatte ein Hundezüchter nicht nur seine gesamte Jagdmeute, sondern auch noch ein Pferd mitgebracht und sich selbst und seine Frau in jene weinrote, strammsitzende Uniform samt Reiterhelm gezwängt, die man zur englischen Fuchsjagd trägt.
Auch an Strohballen, unerläßliche Versatzstücke jeder ländlichen Szenerie, hatten sie gedacht. Auf einem war das rotweiß karierte Tischtuch drapiert, auf den anderen saßen sie mit nonchalant übergeschlagenen Beinen und picknickten im Schweiße ihres Angesichts, aber eines großen Publikums gewiß.
Ein Kameramann von FR 3 Languedoc-Roussillon ließ seinen Apparat sinken, er hatte die Idylle gerade abgefilmt, und schlich, mit seinem Redakteur gemeinsam schwitzend, auf der Suche nach anderen attraktiven Einstellungen weiter. Wo immer er seine Kamera auch hinrichtete, erblühte ein strahlendes Lächeln, selbst dort, wo zuvor nur Hitze und Gestank, Schweiß, Neu- und Habgier regiert hatten.
Hundezwinger stand neben Hundezwinger, angefüllt mit Jagdhunden verschiedener Rassen und verschiedenen Alters. Sie waren weder besonders herausgeputzt, noch besonders schön. In einem kleinen Käfig lehnte eine Bassethündin rücklings an einem Baumstumpf, elf ungeduldig drängelnde Welpen am Gesäuge. Ihr Ausdruck war so ent-

setzlich schicksalsergeben, daß in mir das alte Vokabular der Frauenbewegung zu gären begann und ich gute Lust bekam, lautstark gegen Gebärzwang und Gebärmaschinen zu protestieren, wenn ich nur die entsprechenden französischen Vokabeln parat gehabt hätte.

Ein Hund schlug an, woraufhin seine ganze Meute mit vollem Geläut einfiel, bis ihr Züchter sie überbrüllte und wieder Ruhe einkehrte. Der Mann am Lautsprecher setzte mit ungebrochener Fröhlichkeit seine Litanei fort.

Mit zunehmender Sonneneinstrahlung begann sich die Wirkung der Plastikplanen, die zum Schutz von Mensch und Hund aufgehängt worden waren, nach und nach in ihr Gegenteil zu verkehren. Unter dem Sonnendach staute sich die Hitze und brachte die aufsteigenden Gerüche erst richtig zur Geltung. Dazu kam, daß das große Feuerwehrauto von Saint Jean du Gard im Eingangsbereich geparkt wurde, und niemand daran dachte, seinen Motor abzustellen. Neben ihrem roten Wagen bauten die *pompiers* gutgelaunt eine Bar aus Holzplanken auf.

Wir drängten uns sofort mit hundert anderen Leuten heran wie die Welpen an ihre Mutter und erfrischten uns an Pastis und Orangina.

Nebenan klapperte Kiki, die hübscheste Erzieherin aus Friedrichs *garderie,* mit einigen anderen Frauen an Fritiertöpfen und Grillapparaten herum. Ihre Männer gehörten nämlich zur freiwilligen Feuerwehr, die das Hundefest mitgestaltete, was mir bei all den offenen Gasflammen, Zigaretten und erhitzten Gemütern nur sinnvoll erschien, und die Frauen der *pompiers* waren für die Verköstigung der Gäste zuständig. Kiki hängte einen großen, mit Filzstift beschrifteten Pappkarton an den Eingang des Festzeltes: Ab zwölf Uhr sollte es ein Menü, bestehend aus *Merguez,* cevenolischer Lammwurst, Pommes frites und einer Käseecke zuzüglich

Rotwein *à volenté* zum Spottpreis von vierzig Franc geben. Die Hunde der angrenzenden Zwinger hatten schon jetzt ihre dicken Nasen in den Maschendraht an der Küchenseite geklemmt. Meine Kinder lehnten professionell mit dem Rücken am Tresen, während sie ihre Limonade runterkippten, ich blickte in mein Pastisglas, in dem sich weiße Wolken drehten, und geriet in eine tiefe Sinnkrise.

Es wurden hier Welpen ohne Stammbaum verkauft, Welpen wie Teddys verkleidet, Rüden zur Besamung angeboten.

Im Hintergrund hatte ich ein Karussell und Verkaufsstände mit Munition, Jagdwaffen und den grausigsten Geräten zur Selbstverteidigung gesehen. Ein Pferd war ausgestellt, ganze Jagdmeuten hechelten in ihren Käfigen, es gab ein Menü von der Feuerwehr, und jetzt hatte sich auch noch *la fanfare*, die Blasmusikkapelle der *sapeurs-pompiers* aufgestellt und gab ein verschwitztes Ständchen.

All das verwirrte meinen deutschen Ordnungssinn. Ich fühlte das Andrängen des südländischen Chaos. Was fand hier eigentlich statt? Was bedeutete »Hundefest«? Sogar meine Kinder waren sich inzwischen nicht mehr so sicher, ob die Hunde tatsächlich hergekommen waren, um sich zu amüsieren. Warum aber waren sie dann da? Was waren die übergeordneten Kriterien?

Gab es einen Schönheitswettbewerb? Die Hunde sahen nicht danach aus. Sollte es eine Leistungsschau cevenolischer Züchter sein? Hier sah niemand so aus, als wollte er irgendeine Leistung erbringen. Sollte man die Tiere kaufen? Aber wer kauft schon eine Meute von in Würde ergrauten Jagdhunden oder Welpen, die noch an der Mutterbrust hängen? Fand womöglich zu einem späteren Zeitpunkt noch ein Wettrennen statt? Fragen über Fragen.

Auch ich lehnte mich jetzt mit dem Rücken an den Tresen

und trank noch einen Pastis, während ich das Treiben um mich herum beobachtete.
Halb L'Estréchure war gekommen. Maurice tätschelte gerade dem Pferd die Flanke und plauderte mit seinem Besitzer, dem man ansah, daß er sehr zufrieden mit sich und seiner weinroten Weste war, die ausgezeichnet zu seiner Gesichtsfarbe paßte. Norbert hatte einen jungen Labrador auf dem Arm, den er durchknuddelte, und unterhielt sich schreiend mit einer älteren Dame, die sich vor Freude auf den Schenkel schlug. Mademoiselles Wildschweinjäger war Mitglied im Blasmusikkorps und trötete in seine kleine Trompete, während Mademoiselle begeistert den Takt klatschte. Pierre stand zwei Meter von mir entfernt an der Bar und flüsterte einer schlanken Brünetten, die einen Welpen im Arm hielt, ins Ohr. Kiki stapelte Pappteller, redete und lachte laut mit den anderen Frauen und küßte ihren Feuerwehrmann, sobald er vorüberging.
Viel Fell, glattes, rauhes, junges, altes, wurde befühlt und prüfend betätschelt, viele Worte wurden gemacht, viel Pastis wurde getrunken. Alle Welt war zufrieden und vergnügte sich von Herzen. Nur ich steckte in meiner deutschen Sinnkrise fest.
Ich fuhr hoch. Die Lautsprecherstimme hatte ein Wort gesagt, das ich verstand: »Demonstration«. Irgend etwas würde also vorgeführt werden. Man mußte Platz machen. Ich atmete auf. Es würde also doch noch etwas, möglicherweise sogar etwas Sinnvolles geschehen.
Feuerwehrmänner schoben mit ausgebreiteten Armen und wichtiger Miene die Menschen zur Seite.
»Attention, attention!« rief der Lautsprecher.
Dann kamen sie: Zwei arktische Schlittenhunde zogen in Ermangelung von Schnee und Schlitten ein kleines dreirädriges Gefährt herein, auf dem hinten breitbeinig ein junger

Mann stand, die Zügel in der einen Hand, die andere zum Siegesgruß erhoben. Die Hunde trödelten lustlos heran und kamen kaum über Schrittempo hinaus, so daß die Geschwindigkeit ihres Auftritts nicht ganz dem Pathos des Wangenlenkers entsprach. Der Wagen legte auf diese Weise knapp fünfundzwanzig Meter bis ins Zentrum des freien Platzes zurück, wo der Jüngling mit einem Schrei absprang, als hätte er sein Leben riskiert, und sich die Schlittenhunde sofort flach auf den Bauch fallen ließen. »Bravo, bravo«, schrie die Lautsprecherstimme, »*... il fait chaud aujourd'hui, eh?!*« Und das Publikum stimmte frenetisch klatschend ein. Der Junge verbeugte sich nach allen Seiten. »Das war Jean Durand mit seinen Huskies, *merci, merci* für die schöne *démonstration!*«
Jean Durand schnallte die Hunde vom Wägelchen ab und schleifte sie hinter sich her aus der Arena, vom Applaus begleitet.

Ich sah ein, daß ich mich damit abzufinden hatte, daß es hier keinen Sinn gab. Jedenfalls keinen »Sinn« im deutschen Sinne, als eine übergeordnete Instanz, die die vielen kleinen Einzelgeschehnisse zu einem »sinnvollen Ganzen« verbinden würde.

Der einzige »Sinn« der »Fête du Chien« schien darin zu bestehen, daß sie das Forum bildete, auf dem man sich traf, fröhlich war, gemeinsam aß und trank, sich Hunde anschaute, über Tiere und Jagden plauderte und jeder das tat, was ihm selbst gerade eben sinnvoll vorkam. Das war ein »Sinn« ganz im cevenolischen Sinne.

Meine Kinder stießen mich an. Sie deuteten auf eine Dame, die es wirklich zu betrachten lohnte und die es unverhohlen genoß, daß sich aller Augen auf sie richteten.

Sie stolzierte zwischen den Besuchern und Käfigen wie auf einem Laufsteg auf und ab, obwohl es keinen offiziellen Schönheitswettbewerb gab. Diese faszinierende Frau stellte sich mit Sicherheit keine Sinnfragen und kannte deshalb auch keine Sinnkrisen, die wohl eine unglückselige deutsche Erfindung sein mußten. Sie lebte, im Unterschied zu mir, völlig unabhängig von einem übergeordneten Sinn. Sie tat einfach das, was ihr im Augenblick Freude bereitete und woraus sie ihre persönliche Befriedigung zog. Ich beschloß, mir an ihr ein Beispiel zu nehmen.

Sie war groß und prächtig, mit hellblonden Locken unter einer rotkarierten Ballonmütze mit Schirm. Über ihrer üppig gefüllten Spitzenbluse trug sie eine knappe Weste im selben Dessin. Ihre Hand hielt eine zierliche rote Hundeleine mit Kroko-Prägung, an der ein hageres Windspiel hing, das artig neben ihr hertrippelte. Der Hund trug ebenfalls ein rotkariertes Westchen und eine Ballonmütze. Es war so ein Tier mit dünnem Schwanz und eingezogenen Flanken, das zwar nicht unmittelbar durch seinen Charme bestach, das man aber wegen seiner filigranen Noblesse bestaunen mußte, die erst neben seiner Herrin so richtig zur Geltung kam. Die Komposition des Ensembles war wirklich gelungen.

Die Dame sonnte sich in den bewundernden Blicken der Menge. Doch da, plötzlich: Das Windspiel blieb wie angewurzelt stehen. Es war eine Sache von Sekunden, so als hätte sich die Filmspule verhakt und der Film würde für einen winzigen Moment ins Stocken geraten. Die Dame hatte augenblicklich reagiert, als sich die Leine in ihrer Hand spannte, und war stehengeblieben, lächelte aber weiterhin in die Menge, ohne einen Blick auf das Tier zu werfen.

Das Windspiel würgte ein-, zweimal, spie einen dünnen Strahl mitten auf den Weg und trippelte dann mit ausdruckslosem Gesicht weiter, als hätte es nur seine Pflicht getan. Seine Herrin setzte sich gleichfalls ungerührt wieder in Bewegung.

Ich schluckte trocken und schaute um mich. Doch jedermann war bei bester Laune und Gesundheit, man strebte jetzt dem Menü zu, keinem hatte es den Appetit verschlagen, kein Mensch außer mir schien das geringste bemerkt zu haben.
Ich fragte mich ernsthaft, ob ich an Halluzinationen litt, und bestellte den dritten Pastis. Pur.

Cevenolische Lammwürstchen
Merguez

Zutaten

500 Gramm Lammfleisch
500 Gramm Rindfleisch
65 Gramm Merguez-Gewürzmischung
bestehend aus Kräutern, Salz
Dextrose, Saccharose
Konservator E 252
(Nitrate de Potassium 0,76 %)
Farbstoff E 120
(Carmine de Cochenille)
Farbstoff E 160
(Jaune de Rocou)
Antioxydationsmittel E 301
(Ascorbate de Sodium 0,46)

Alles Fleisch nicht zu fein zerkleinern, mit der Gewürzmischung gut vermischen, in Rind- oder Schweinedärme füllen, Würstchen etwa in der Länge und Dicke deutscher Bockwürstchen abbinden.
Die Merguez schmecken am besten vom Holzofengrill. Dazu mittelscharfen Senf und Pommes frites.

Im Zentrum des Lebens

»Wunderschön ist es ja«, sagte die Cousine, »aber ihr wohnt wirklich da, wo Fuchs und Hase sich gute Nacht sagen.«
»Wildschwein und Steinpilz!« verbesserte ich sie.
Als die Kollegin vom Hörfunk bei uns vorbeischaute, meinte sie: »Romantisch zwar, aber noch eine Felsenkurve und noch eine Felsenkurve – und dann noch eine, und als wir dachten, jetzt wären wir endlich bei euch, kam noch eine Kurve und dann noch eine ...«
»Tote Hose, wa!?« bemerkte der Neffe, der sein Igluzelt hinter unserem Bambus aufgeschlagen hatte, und unser Freund Karl rief, kaum daß er die Terrassentreppe hochgestiegen war: »Mein Gott, ihr lebt ja am Arsch der Welt!«
»Mag sein«, erwiderte mein Mann, »aber was für einer!«
Wir haben uns an solche Aussprüche gewöhnt.
Karl war zwischen zwei wichtigen Vorstandssitzungen in Hamburg mit dem Flieger nach Montpellier gejettet und nur fünfzig Minuten später in einem schnittigen Leihwagen bei uns aufgetaucht, für den er nun keinen Parkplatz im Dorf fand. L'Estréchure bedeutet so ziemlich den größten Gegensatz zu seiner aktuellen Daseinsform, den man sich denken konnte. Schon die ständigen Bremsmanöver vor jeder scharfen Kurve waren ihm, der daran gewöhnt ist, sich durch die Luft, oder, wenn es sein muß, auf gradlinigen Autobahnen fortzubewegen, wie ein persönlicher Affront vorgekommen. Aber auch unsere anderen Besucher, die

bedeutend weniger gestreßt waren als er, begleiteten ihre Worte der Bewunderung für die landschaftliche Schönheit der Cevennen stets mit einem bedenklichen Wiegen des Kopfes und fragten im weiteren Gesprächsverlauf vorsichtig nach, wie wir das denn »da unten« langfristig aushielten, ob dieses L'Estréchure nicht doch ein wenig abseits vom Weltgeschehen läge, und wie wir überhaupt so ganz ohne Oper und Theater, ohne Kino, Ausstellungen und Vorträge, ohne all diese wichtigen Anregungen des Kulturbetriebes existieren könnten.

Während sie dies sagten, verliehen sie ihren Stimmen einen abgedunkelten Klang und ihren Mienen ein Schwergewicht, mit dem sie auszudrücken schienen, daß sie ihrerseits ihre gesamte freie Lebenszeit allein auf kulturell wertvolle und intellektuell höchst anspruchsvolle Beschäftigungen verwandten.

Jedenfalls gelang es ihnen immer wieder, uns ein schlechtes Gewissen einzuflößen, so daß wir anfangs noch verschämt darauf hinwiesen, daß es immerhin »Cineco«, die Assoziation der Kinofreunde gäbe, die jeden Dienstag in der »Salle Stevenson« einen guten aktuellen Film zeigt, und daß ab und an im Hof der »Maison pour tous« ein Jazzkonzert veranstaltet würde; daß die nächste größere Stadt, Alès, mit allem, was kulturell dazu gehört, nur vierzig Autominuten weit entfernt läge; daß Nîmes und Montpellier auch nicht aus der Welt wären, und daß wir schließlich, um auf dem laufenden zu bleiben, außer dem täglichen *Midi libre* auch noch regelmäßig eine deutsche Wochenzeitung bezögen.

In Wahrheit aber hat das Problem mit der sogenannten »Kultur« für uns hier nie existiert, und heute geben wir das auch offen zu. Unser Bedürfnis nach offiziellen kulturellen Veranstaltungen hat nämlich in den Cevennen sofort rapide nachgelassen. Unsere Tage waren von Anfang an erfüllt vom Alltag: von unserer Arbeit, den Kindern, den alltäglichen Kontakten im Dorf, dem freundlichen Grüßen und Plaudern. Und jeder Spaziergang, immer am selben, sich ständig wandelnden Gardon entlang, der Anblick all dieser silbrig schimmernden Flußkiesel, der Besuch des Wochenmarktes in Saint Jean oder Serges Honigernte auf den Hügeln, der Blick auf das wechselnde Grün des Berghangs gegenüber sowie das Schauspiel, das uns die Sonne Tag für Tag bietet, bis ein glitzerndes Sterngewölbe sie ablöst, um ihr zu guter Letzt doch immer die Schau zu stehlen, das alles erscheint uns wesentlich attraktiver als die aktuellste Kunstausstellung oder Theaterinszenierung.

Wir laden unsere französischen Freunde zum Abendessen ein, werden selbst oft eingeladen, hacken Holz, machen Feuer, kochen gemeinsam, plaudern, erfinden die Welt neu und tanzen, wenn es sich ergibt, im Salon.

Wir haben allmählich gelernt, nein, es hat sich ganz von selbst, in einer Art osmotischem Prozeß, ergeben, daß wir anfingen, wie all die andern hier, so etwas Unspektakuläres wie Alltagskultur zu pflegen.

Nie sind wir dazu gekommen, unseren Fernsehapparat auch nur anzuschließen, da neben dem Leben auch das beste Fernsehprogramm zur Nichtigkeit schrumpft.

Eigentlich hatte Karl vorgehabt, nur einen Tag bei uns zu bleiben. Den ganzen ersten Nachmittag verbrachte er noch an unserem Telefon, in das er so hektisch hineinredete, als stünde sein Leben auf dem Spiel. Doch schon während des Abendessens im Garten am Gardon entdeckten wir die ersten Anzeichen einer leisen, aber unaufhaltsam fortschreitenden Mutation: Seine Züge entspannten sich, und gegen Mitternacht hatte er sich dazu durchgerungen, sich außer Hörweite des Telefons zu begeben.

Am nächsten Tag stand Karl erst gegen zehn Uhr auf und verschwand mit einem *bol* voll Milchkaffee und einer Tüte voller Croissants. Gegen Mittag fanden wir ihn wieder. Er hatte sich am Fluß ausgestreckt und war komplett in einen Kommissar-Maigret-Krimi eingetaucht, von dem er behauptete, er spiegele genau die Atmosphäre unseres Dorfes wider, zeigte sich aber durchaus bereit, anläßlich eines gemeinsamen Mittagsmahles wieder aus seiner Lektüre aufzutauchen.

Am zweiten Nachmittag ließ Karl das Buch liegen, wandte sich dem wirklichen Leben am Fluß zu und vollzog seine Metamorphose in Huckleberry Finn: Er bastelte sich und unseren Kindern Angeln aus langen Bambusstangen und baute ein kleines, aber eindrucksvolles Floß, auf dem er dann im Flußlauf auf einer Kiesbank festsaß, und Steine flippen ließ, bis es Zeit zum Abendessen war.

Nach dem Abendessen ließ er sich in der »Bar des Chasseurs« nieder und verfolgte so lange mit sehnsuchtsvollen Blicken den Flug der Boulekugeln, bis Frank ihn aufforderte mitzuspielen. Erst weit nach Mitternacht kehrte Karl zurück. Am nächsten Morgen erzählte er uns stolz, er wäre zu einem *concours de boules* für das kommende Wochenende eingeladen worden. Beherzt griff er zum Telefon, gab seiner Stimme einen zerknirschten Tonfall, was ihm nach der langen Boulenacht nicht sonderlich schwerfiel, und verschob seine Vorstandssitzung aufgrund dringenderer Geschäfte.

Fast zwei Wochen blieb Karl bei uns, dem wildromantischen Reiz dieser Landschaft und dem spröden Charme ihrer Bewohner erlegen.

Unsere Freunde und Verwandten haben natürlich trotzdem alle recht: Wir wohnen tatsächlich »am Ende der Welt«. Aber noch nie zuvor haben wir uns so sehr im Zentrum des Lebens gefühlt wie hier.

Wie die Nachtigall zur Nachtigall wurde

Es begann schon an dem Tag, als der Schöpfer sie aus der Nacht des Ungeformten heraushob und dieser kleine Vogel das Licht der Welt erblickte: Da rutschte er seinem Schöpfer zwischen den Fingern hindurch, und als der sein neues Geschöpf betrachten wollte, fand er es nicht: flutsch, weg, einfach verschwunden.

»Wo ist es nur?« fragte sich der Schöpfer. »Ich habe doch gerade ein kleines, stromlinienförmiges Flügelwesen erschaffen, oder habe ich das etwa nur geträumt?«

»Iii!« piepste es leise zu seinen Füßen.

Da kniete der Schöpfer vorsichtig nieder, suchte, scharrte im trockenen Laub und erblickte schließlich einen unscheinbaren Vogel. Sein Gefieder hatte genau die fahlbraune Farbe des trockenen Laubes, so daß er fast unsichtbar war, sein Körper war länglich und schlank, sein Schnabel spitz und leicht gebogen.

»Da bist du ja«, sprach der Schöpfer und setzte sich den Vogel wieder in die Hand. »Du bist zwar kaum zu sehen, aber ich finde dich doch sehr gelungen!«

»Iii!« *gellte* es ihm nicht gerade zufrieden entgegen.

»Nun, wenn dein allererstes Wort I heißt, kleiner Vogel«, sagte der Schöpfer streng, »und wenn du das so *gellend* schreien kannst, so will ich dich danach benennen. Dein Name soll *Igall* sein.«

»Iii!« schrie der kleine Vogel wieder.
Da setzte der Schöpfer den undankbaren Schreihals ins trockene Laub zurück und wandte sich anderen Dingen zu. Die Nacht-igall, die damals nur Igall hieß, war beleidigt, ja, sie war tief gekränkt, weil sie so unscheinbar war, daß der Schöpfer selbst sie beinahe nicht erkannt hätte.
Und während die anderen Vögel, kaum daß sie erschaffen waren, hinauf ins Licht der Sonne flogen und lauthals die Schöpfung priesen, verkroch sich Igall ins Dunkel unter niedriges und dichtes Gebüsch. Dort am Erdboden lebte sie in großer Abgeschiedenheit, durchsuchte die abgefallenen Blätter nach Würmern, Larven und Spinnen, und beständig wiederholte sie ihr unzufriedenes »ii, ii, ii«.
Bis sie es nicht mehr aushielt. Da trat sie vor die Schöpfung.
»Was willst du, Igall?«
»Iii-ich bin unglücklich«, sagte Igall. »Iii, keiner will mich sehen, und keiner will mich hören. Iii-ich will auch so schön sein wie die bunten Finken und die Eichelhäher, oder wenigstens so eindrucksvoll wie die Bussarde und Adler! So wie ich bin, iii!, will ich nicht sein. Wenn du mich so schön machst wie die anderen, dann will auch ich dir dein Lob singen, iii!«
Da blickte der Schöpfer mit tiefem Ernst auf Igall herab. »Höre, Igall!« sprach er. »Ich liebe dich, wie ich alle meine Geschöpfe liebe. Aber deine Unzufriedenheit schmäht die Schöpfung. Sieh dich nur um: Der Adler hat nicht die bunten Federn des Papageis, und der Pinguin hat nicht die Schwingen des Adlers. Keiner von ihnen hat sich beklagt. Oder hast du je gehört, daß die Pinguine laut »Iii« schrien, weil sie nicht fliegen können? Oder weil sie so rundlich gebaut sind? Nein: Denn der Pinguin hat erkannt, daß gerade in seiner Eigenart, die ihn von den anderen Tieren unterscheidet, sein Wesen und seine Bestimmung liegt.

Gerade Stummelflügel und rundliche Figur haben den Pinguin zu einem der elegantesten Schwimmer gemacht!«
Igall war im Angesicht der Schöpfung noch kleiner und unscheinbarer und unzufriedener geworden. Sie spürte, daß da nicht viel zu holen war. Und so war es auch.
»Du mußt *deine* Bestimmung allein finden!« fuhr der Schöpfer fort. »Ich gebe dir kein bunteres Federkleid, denn das würde dir nicht weiterhelfen. Geh jetzt und lebe im schattigen Tal des jungen Gardon, der die zerklüfteten Berge der Cevennen durchschneidet, und höre: wer immer nur »Iiii« sagt, der verstellt sich damit den Weg zur Erkenntnis!«
Igall schlich hinweg. Sie zog ins schattige Flußtal und wartete darauf, daß die Erkenntnis ihrer Bestimmung über sie käme. Doch nichts geschah.
Das »Iiii«-Schreien hatte sie sich so angewöhnt, daß sie es auch hier nicht lassen konnte. Nur: Neben dem Rauschen des Flusses war es unhörbar geworden. Das ärgerte Igall sehr, denn wer »Iii« sagt, der will auch gehört werden. Nichts zu machen. Das Wasser des Gardon übertönte Igalls »Iii«.
»Ich muß es in der Nacht versuchen«, sagte Igall zu sich selbst, »denn im Samtmantel der Nacht werden alle Geräusche gedämpft und leise. Da wird man mich endlich wieder hören!«
Igall wartete also die tiefe Dunkelheit ab. Und wirklich: Das Vogelgezwitscher ihrer Brüder verklang, die Blätter der Bäume raschelten leiser, die Tiere des Waldes hielten still. Aber was war das?
Das Rauschen des Flusses trat mit einemmal noch deutlicher hervor! Es war ein einziges Wasserkonzert: Er gurgelte und plätscherte, rauschte und gluckste so lustig, daß Igall sich herausgefordert fühlte.
»Jetzt zeig' ich es dir, Gardon!« schrie sie ärgerlich. »Mit dir nehm ich es allemal auf«, und sie hob an.

»Iiii!« schrie sie aus vollem Hals. Aber der Fluß schluckte ihren Ton.
»Iiii!« schrie sie voller Wut. Nichts war zu hören. Igal zeterte und flatterte und schrie sich die Kehle wund. Sie wollte endlich einmal wieder den Klang ihrer eigenen Unzufriedenheit hören. Keine Chance.
»Iiii!« schrie sie schließlich voller Verzweiflung. Nur das Rauschen des Flusses.
Ermattet gab Igall auf. Sie schwieg und lauschte, und ihre Wut und ihre Verzweiflung wandelten sich in eine tiefe Trauer. Diese Trauer war wie ein dunkler Schacht in ihrem Herzen, der sich allmählich mit einer brennenden Sehnsucht füllte, die ihre Brust bedrängte. Sie sehnte sich jetzt mit jeder Faser ihres Herzens danach, endlich ihre wahre Bestimmung zu finden. Und als die Sehnsucht sie ganz und gar ausgefüllt hatte und sie meinte, sie müßte zerspringen, da entrang sich ihrer Brust ein seelenvoller Klagelaut.
Es war ein reiner Flötenton. Den konnte der Fluß nicht schlucken. Einsam und klar schwebte er über dem Rauschen des Wassers. Igall öffnete ihr Herz, und es entströmte ihm eine schmerzhaft wunderbare Melodie. In die süßen Flötentöne waren auch harte, rauhe Klänge gemischt, wie man sie noch nie aus einer Vogelkehle gehört hatte. Igalls Melodie rankte sich an- und abschwellend um das Plätschern und Glucksen des Flusses, sie gab ihm Antwort, ging einmal mit und dann wieder gegen seinen Rhythmus.
Ihr Lied war von so eigenartiger Schönheit, daß jeder, der es hörte, augenblicklich von derselben tiefen Sehnsucht erfüllt wurde, die Igall erfaßt hatte. Sie hatte ihre Bestimmung gefunden: Wenn alle anderen Vögel schliefen, gab Igall in ihrem Gesang der Sehnsucht nach der eigenen Bestimmung Ausdruck. In der Nacht. Und darum wurde sie bald Nacht-igall genannt.